DANIEL AMINATI

# KOCH DICH KRASS!

**Bibliografische Information der Deutschen Nationalbibliothek:**
Die Deutsche Nationalbibliothek verzeichnet diese Publikation in der Deutschen Nationalbibliografie; detaillierte bibliografische Daten sind im Internet über http://d-nb.de abrufbar.

**Für Fragen und Anregungen:**
info@rivaverlag.de

Originalausgabe
1. Auflage 2017
© 2017 by riva Verlag, ein Imprint der Münchner Verlagsgruppe GmbH
Nymphenburger Straße 86
D-80636 München
Tel.: 089 651285-0
Fax: 089 652096

**In Zusammenarbeit mit:**
7NXT Health GmbH
Rungestraße 22–24
10179 Berlin

Aktualisierte und komplett überarbeitete Neuausgabe des bei 7NXT erschienenen Titels *Koch dich krass! Die 100 besten Rezepte zum erfolgreichen Programm »Mach dich krass« von Daniel Aminati*

Idee, Konzept, Vorwort: Daniel Aminati
Lektorat: Cora Wetzstein, Christin Geweke
Rezeptentwicklung: Stefanie Ganter, Mehret Haile, Melanie Eberlein
Umschlaggestaltung: Isabella Dorsch, München
Umschlagabbildung vorn: Guido Schroeder, www.guidoschroeder.com
Umschlagabbildung hinten: Shutterstock/sergeyshibut
Layout: Maria Wittek
Satz: Katja Muggli, www.katjamuggli.de

Druck: Firmengruppe APPL, aprinta Druck, Wemding
Printed in Germany

ISBN Print 978-3-7423-0110-9
ISBN E-Book (PDF) 978-3-95971-526-3
ISBN E-Book (EPUB, Mobi) 978-3-95971-525-6

Weitere Informationen zum Verlag finden Sie unter

www.rivaverlag.de
Beachten Sie auch unsere weiteren Verlage unter
www.m-vg.de.

DANIEL AMINATI

# KOCH DICH KRASS!

Die **100** besten Rezepte
zu meinem Onlineprogramm

**MACH** DICH **KRASS**
*by* **DANIEL AMINATI**

Einfach
kochen –
schnell
abnehmen

# Inhalt

## MEIN ERNÄHRUNGSKONZEPT

## MEINE REZEPTE

# Geh mit mir den Weg in Richtung krass

**M**it diesem Kochbuch hältst du nicht nur eine Sammlung von 100 krassen Rezepten in der Hand, sondern hoffentlich auch einen kleinen Denkanstoß, einen kleinen Boost, ab sofort das Beste aus dir herauszuholen und dich im Alltag fitter zu fühlen. Ich freue mich, dass du mit mir auf diesen kleinen kulinarischen Streifzug gehst und erfahren möchtest, wie du mit wenig Aufwand, einfachen Zutaten und sicher jeder Menge Spaß leckere Gerichte zaubern kannst. Sie machen nicht nur richtig satt und glücklich, sondern haben auch das Zeug, zum Lieblingsessen auf deinem Weg zum Traumbody zu werden.

In Topform zu sein ist nicht das Wichtigste im Leben – weder für dich noch für mich als sportverrückten Entertainer. Dennoch gilt für jeden von uns, dass Gesundheit, ein fitter Körper und eine positive Ausstrahlung das Leben eines jeden Menschen zweifellos ein bisschen unbeschwerter machen. Aber dafür zu hungern oder auf gutes Essen zu verzichten wollen wir auf gar keinen Fall, oder? Ich bin der Meinung, dass das Leben manchmal anstrengend genug ist. Deswegen sollten wir es uns so genussvoll wie möglich gestalten. Man muss nur wissen, wie. Ich brauche Power. Richtig volle Teller. Ich will satt sein, um jeden Tag 100 Prozent geben zu können und gesund zu bleiben. Die gute Nachricht: Mit den richtigen Zutaten schadet das der Figur überhaupt nicht. Wer sich mit gesunden Lebensmitteln satt isst, kennt keine Heißhungeranfälle mehr (Und wird auch das Wort »Jo-Jo-Effekt« aus seinem Wortschatz streichen können!).

Lecker müssen die Mahlzeiten sein, ideen- und abwechslungsreich, die Zutaten frisch. Keine Lust habe ich hingegen darauf, zum einen ewig in der Küche zu stehen und zum anderen auf vermeintliche Alltagsrezepte, für die man ausgefallene Zutaten braucht. Ich zaubere an geselligen Kochabenden mit Freunden gern mal etwas Exquisiteres, aber fürs schnelle, gesunde Mittagessen habe ich keine Lust auf Zutaten, die ich nicht mal vernünftig aussprechen kann und im Spezialhandel bestellen muss. Im Alltag sollte das Kochen ohne großen Aufwand möglich sein und alles Notwendige in jedem gut sortierten Supermarkt zu finden sein. Dabei solltest du jedoch darauf achten, dass du möglichst qualitativ hochwertige Lebensmittel verwendest. Die Rezepte in diesem Buch sind unkompliziert, mit wenig Zeitaufwand und ganz normalen Lebensmitteln ohne Schnickschnack und Spezialwerkzeug zuzubereiten. Ich verspreche dir: Mit diesem Buch wirst du auf neue Ideen kommen, viel Spaß in der Küche haben und ganz nebenbei noch die einen oder anderen Pfunde schmelzen sehen – so, wie es bei mir eben auch war.

# Mein Weg – meine Geschichte

Sport hat mich in meinem Leben schon immer begleitet. Als kleiner Knirps wollte ich unbedingt Fußballprofi werden und habe in den Jugendmannschaften von Alemannia Aachen und dem FC Bayern gespielt. Aber für den ganz großen Wurf hat es nicht gereicht. Da waren die Mannschaftskameraden Didi Hamann oder Uwe Gospodarek einfach besser. Es sollten für mich andere Arenen sein. Mit 15 hatte ich meine ersten professionellen Bühnenengagements als Hip-Hop-Tänzer, mit 21 kam der Sprung ins Musikgeschäft als Mitglied der ersten deutschen Boygroup Bed & Breakfast. Mit »Alphateam« und »Verbotene Liebe« folgten Ausflüge in die Schauspielerei, bis ich schlussendlich in der Moderation gelandet bin.

Was ich aber in all den Jahren eigentlich immer gemacht habe, ist Sport. Zugegeben, mal mehr, mal weniger intensiv, das kennt sicher jeder von sich. Ich habe aber durch die persönlichen und beruflichen Siege sowie die vielen Niederlagen gemerkt, dass Sport und gesunde Ernährung nicht nur die Eitelkeit befriedigen, sondern viel mehr geben! Da wären zum Beispiel der mit Endorphinen beladene Körper und der Glückszustand, der sich nach dem Training einstellt, oder auch die Fähigkeit, mit Dingen besser umgehen zu können, die einen belasten. Sport hat mich zu einem ausgeglichenen, zufriedeneren und vielleicht sogar zu einem besseren Menschen gemacht. Sich immer wieder neue Ziele zu setzen, zu fighten, um »anzukommen«, manchmal auch an Grenzen zu stoßen, formt nicht nur den Körper, sondern auch den Geist. Ein glückliches Leben bedeutet für mich, bewusst zu leben, meinem Körper die Nahrung zu geben, die er braucht, auf mich zu achten und dabei nie den Spaß aus den Augen zu verlieren.

Heute bin ich so glücklich, stark und fit wie noch nie in meinem Leben. Alles, was ich in meiner Laufbahn an Wissen und Erfahrung im Bereich Sport und Ernährung gelernt habe, habe ich in meinem Programm »Mach dich krass« zusammengestellt. Ich zeige dir, wie leicht es ist abzunehmen, fit zu werden und sich besser zu fühlen – ohne Kalorien zu zählen, ohne zu hungern und mit dauerhaftem Erfolg. Worauf wartest du noch? Ran an die Töpfe, und zwar krass!

Viel Spaß, gutes Gelingen und guten Appetit!

**Dein Daniel**

**»Mit diesen Rezepten kann sich jeder krass machen! Ohne Kalorien-zählen, ohne hungern. An die Töpfe und bääämmm!«**

# MEIN
# ERNÄHRUNGS-
# KONZEPT

# »Mit der richtigen Ernährung kann sich jeder krass machen«

**Krass** könnte auch für **k**erngesund, **r**esistent gegen Stress, **a**usdauernd, **s**chlank und **s**att stehen. Mein »Mach dich krass«-Programm stellt deine Ernährung dauerhaft um, damit du all diese Eigenschaften schon bald dein Eigen nennen kannst: mit höchster Flexibilität statt radikaler Vorgaben. Ich zeige dir, wie einfach und lecker gesundes Essen sein kann. Ganz wichtig: Wähle die richtigen Nahrungsmittel aus und iss dich daran satt. So schmilzt das Fett, die Muskeln wachsen und Heißhunger bleibt aus. Auf den nächsten Seiten zeige ich dir, welche Nährstoffe wichtig sind und was sie im Körper bewirken.

# MEIN
# ERNÄHRUNGS-
# KONZEPT

# »Mit der richtigen Ernährung kann sich jeder krass machen«

**Krass** könnte auch für **k**erngesund, **r**esistent gegen Stress, **a**usdauernd, **s**chlank und **s**att stehen. Mein »Mach dich krass«-Programm stellt deine Ernährung dauerhaft um, damit du all diese Eigenschaften schon bald dein Eigen nennen kannst: mit höchster Flexibilität statt radikaler Vorgaben. Ich zeige dir, wie einfach und lecker gesundes Essen sein kann. Ganz wichtig: Wähle die richtigen Nahrungsmittel aus und iss dich daran satt. So schmilzt das Fett, die Muskeln wachsen und Heißhunger bleibt aus. Auf den nächsten Seiten zeige ich dir, welche Nährstoffe wichtig sind und was sie im Körper bewirken.

# Mach dich krass!

Ich hasse krasse Diäten, denn da steht krass für Kilos runter, aber superspaßfrei. Und das ist überhaupt nicht mein Ding. Zum einen lasse ich mich ungern mit unflexiblen Regeln gängeln und zum anderen hungere ich nicht gern. Ich finde es schrecklich, wenn man den ganzen Tag ans Essen denken muss, weil man nichts essen darf. Und obendrein lauert am Ende der Crash-Diät nur der Jo-Jo-Effekt: Weil dein Körper meist nur Wasser und Muskelmasse verloren hat, verbrennt er weniger Kalorien. Isst du jetzt wieder wie gewohnt, sind die mühsam verlorenen Pfunde schnell wieder drauf. Mein »Mach dich krass«-Programm ist der perfekte Einstieg in ein gesünderes Leben. Beginne damit, vorwiegend industriell hergestellte Lebensmittel, vor allem Fertigprodukte, aus deinem Küchenschrank zu verbannen. Verwende, wann immer es möglich ist, frische Zutaten. Du wirst spüren, dass du mit einer gesünderen Ernährung ganz entspannt und zufrieden abnimmst und dein Wunschgewicht hältst. Nebenbei gibst du deinem Körper alles, was er braucht, um wirklich kerngesund, resistent gegen Stress, ausdauernd, satt und schlank zu werden. Und das macht richtig Spaß!

# Eiweiß macht satt, schlank und gibt dir Power

Wichtig ist, dass du beim Abnehmen keine Muskelmasse abbaust. Nur so erreichst du dein Ziel und kannst dem Jo-Jo-Effekt eine lange Nase drehen. Dabei hilft es dir, dich gut mit Eiweiß, auch Protein genannt, zu versorgen. Dieser Nährstoff besteht aus kleinen Bausteinen, den Aminosäuren. Manche davon kann dein Körper nicht selbst herstellen und du musst sie über die Nahrung aufnehmen. Perfekt ist es, wenn du tierisches Eiweiß aus Fleisch, Fisch, Milch, Milchprodukten und Eiern mit pflanzlichem Eiweiß aus Samen, Nüssen, Pilzen, Hülsenfrüchten und Sojaprodukten auf dem Teller kombinierst. So lieferst du deinem Organismus alle lebenswichtigen Proteinbausteine, die das Immunsystem stärken, Eisen speichern, Sauerstoff im Blut transportieren, Zellen aufbauen oder reparieren und nicht zuletzt deine Muskeln wachsen lassen. Aber Achtung! In meinem Programm sind Milchprodukte nur nach dem Training erlaubt.

Allein 40 Prozent des körpereigenen Eiweißes steckt in den Muskeln. Und wer seine Muskeln pflegt, der nimmt auch leichter ab. Denn Muskeln verbrennen Kalorien, auch wenn du gerade auf dem Sofa sitzt. Je mehr Muskeln du hast, desto höher ist also dein Kalorienumsatz am Tag.

Muskelpflege heißt zum einen, du musst Sport treiben, um deine Muskeln zu trainieren, zum anderen achte darauf, dass du auf etwa 1 Gramm Eiweiß pro Kilogramm Körpergewicht und Tag zu dir nimmst. On top sind eiweißreiche Lebensmittel richtige Sattmacher, sodass du locker mit drei Mahlzeiten am Tag und ohne Zwischenmahlzeiten auskommen solltest. Solltest du zu den Menschen gehören, die pro Mahlzeit lieber weniger essen, dafür jedoch gern mehr Mahlzeiten am Tag zu sich nehmen, darfst du natürlich deine Vorliebe so beibehalten. Achte dann aber darauf, dass die Snacks zwischen den Hauptmahlzeiten Frühstück, Mittag- und Abendessen möglichst kohlenhydratfrei bzw. Low-Carb sind. Damit schenkst du deinem Körper lange Essenspausen, in denen er ran an den Speck kann. Krass einfach, oder?

# Mit guten Fetten läuft's wie geschmiert

Für die meisten der »Generation light« ist Fett immer noch ein unnützer Dickmacher. Klar ist es mit seinen 9 Kilokalorien, die es pro Gramm an Energie liefert, nicht gerade ein Leichtgewicht, aber schlecht ist es deshalb noch lange nicht. Denn Fett ist ein Geschmacksträger, es schützt die inneren Organe, liefert essenzielle Fettsäuren, die dein Organismus gar nicht selbst herstellen kann, und es macht die fettlöslichen Vitamine A, D, E und K für deinen Körper überhaupt erst nutzbar.

Die Devise heißt also: Fett ja, aber welches? Auf deinen Teller beziehungsweise in deine Pfanne gehören vor allem pflanzliche Fette, und die dürfen auch gern tee- und esslöffelweise verwendet werden. Eine Pipette zum tröpfchenweisen Dosieren brauchst du dafür nicht. Denn kalt gepresste Öle wie Hanf-, Lein-, Oliven-, Kokos- oder Rapsöl, Nüsse und Nussmus sowie Samen versorgen dich vor allem mit den lebenswichtigen essenziellen Fettsäuren. Gleichzeitig verhindern sie, dass das sogenannte »schlechte« LDL-Cholesterin die Oberhand gewinnt und deine Blutgefäße verstopft. Achtung: Kalt gepresstes Lein-, Hanf- und Rapsöl vertragen keine Hitze – die sollten nur in kalte Speisen wie Salate, Dips oder auch mal ins Müsli. Olivenöl kannst du auch zum schonenden Dünsten und Braten verwenden, dagegen kannst du mit Kokosöl hitzemäßig auch in die Vollen gehen. Gute Quellen für tierische Fette sind fette Seefische wie Lachs oder Makrele, die mit den essenziellen Omega-3-Fettsäuren dafür sorgen, dass dein Herz leistungsstark arbeiten kann – für krasse Ausdauer und Fitness also ein Must. Genauso essenziell wie die Omega-3- sind die Omega-6-Fettsäuren, die vor allem in Distel- oder Sojaöl sowie in Eiern und rotem Fleisch vorkommen. Im täglichen Speiseplan sollte das Verhältnis von Omega-6- zu Omega-3-Fettsäuren etwa bei 2 : 1 bis maximal 5 : 1 liegen. Viele unserer Lebensmittel enthalten bereits einen (zu) hohen Omega-6-Anteil, vor allem Fertigprodukte oder Fleisch- und Milchprodukte aus Mastbetrieben, da dort die Tiere hauptsächlich mit Getreide und Soja gefüttert werden. Deshalb ist es mir so wichtig, dass du frische Zutaten verwendest und beim Einkauf auf mehr Qualität achtest.

Nur selten und wenn, dann in kleinen Mengen, sollten fettes Fleisch oder fette Wurst auf den Teller. In ihnen stecken vorwiegend gesättigte Fettsäuren, die sich negativ auf die Blutfettwerte (Stichwort: schlechtes Cholesterin) auswirken, Herz-Kreislauf-Erkrankungen begünstigen und sich gern als Polster auf den Hüften niederlassen. Ebenfalls aus dem Speiseplan weitestgehend verbannen solltest du gehärtete Fette wie Margarine oder teilgehärtete Fette, die sich gern in Fertigprodukten verstecken. Denn sie enthalten Transfettsäuren, die ebenfalls das schädliche LDL-Cholesterin im Blut ansteigen lassen und einen Abfall des guten HDL-Cholesterins verursachen. Ob Transfette auch Krebs oder Allergien auslösen können, ist bisher nicht ausreichend mit Studien belegt.

# Kohlenhydrate als vollwertige Energiespender

Vereinfacht gesagt sind Kohlenhydrate Zucker. Aber Zucker ist nicht gleich Zucker. Je nachdem, was du isst, stecken darin entweder ganz kleine Zuckerstückchen, lange Zuckerketten oder eine Mischung aus beiden. Bestimmt hast du schon mal von Einfach-, Zweifach-, Mehrfach- und Vielfachzucker gehört, fachsprachlich werden diese Zuckerarten Mono-, Di-, Oligo- und Polysaccharide genannt. Der bekannteste Einfachzucker ist Glukose, umgangssprachlich Traubenzucker, der sowohl natürlich vorkommt als auch chemisch hergestellt wird. Dazu gehört auch der übliche weiße Haushaltszucker. In jeder weiteren Zuckerart ist der Traubenzucker als Baustein drin, etwa in Milchzucker, Rübenzucker oder Stärke. Die kleinen Zuckerstückchen, also Traubenzucker, die vor allem in Süßigkeiten, Limo oder Kuchen stecken, sind gerade so groß, dass sie direkt durch die Darmwand ins Blut übertreten können. Isst du zum Beispiel ein Stück Kuchen, kommen viele Zuckerstückchen im Darm an, die alle mehr oder weniger gleichzeitig in die Blutbahn übertreten. Dein Blutzuckerspiegel steigt rapide an. Deshalb schickt die Bauchspeicheldrüse Insulin los, das den Zucker wieder aus dem Blut in die Körperzellen schaffen muss. Und bäääm ist der Blutzuckerspiegel im Keller und die Alarmglocken schrillen: Der Heißhunger schlägt zu – und zwar auf Süßes, das als schneller Energie-Booster das Defizit rasch wieder ausgleichen kann. Aber genau das wollen wir ja vermeiden.

Anders sieht es bei den langen Zuckerketten, den Polysacchariden wie etwa in Hülsenfrüchten aus. Hier müssen im Verdauungstrakt erst einmal Enzyme Hand anlegen, um die Ketten in kleinere Stücke zu teilen. Erst dann passen sie durch die Darmwand. Das geht natürlich viel langsamer und die Zuckerstücke gelangen nur nach und nach häppchenweise vom Darm in die Blutbahn. Der Blutzuckerspiegel bleibt deshalb immer auf gleichem Niveau. Du fühlst dich lange satt, leistungsstark und konzentriert.

Diesen Effekt kannst du verstärken, wenn du obendrauf noch ballaststoffreiche Lebensmittel wie Obst, Gemüse oder Hülsenfrüchtepackst. Ballaststoffe sind unverdauliche Kohlenhydrate, die im Magen-Darm-Trakt aufquellen, lange satt machen, den Darm in Schwung bringen, dafür aber keine Kalorien liefern. Wichtig ist dabei nur, dass du immer ausreichend trinkst. Denn Ballaststoffe brauchen Flüssigkeit zum Aufsaugen. Bekommen sie die nicht, machen sie den Darm dicht.

Mit meinen Rezepten in diesem Buch bist du auf dem richtigen Weg, alte (ungesunde) Ernährungsgewohnheiten abzulegen und in ein neues krasses Leben zu starten. Lass dich von den Rezepten inspirieren, dann hast du den Dreh schnell raus, welche Nahrungsmittel für deinen Körper gut sind, und kannst selbst kreativ werden.

## Süße Alternativen

Den üblichen raffinierten Haushaltszucker kannst du eigentlich gleich aus deinem Küchenschrank verbannen. Es gibt so viele alternative Süßungsmittel, die entweder viel natürlicher sind als weißer Zucker oder den Blutzuckerspiegel nicht beeinflussen. Ich zeige dir ein paar Süßungsmittel, mit denen du raffiniertem Zucker aus dem Weg gehen kannst. Aber egal, für welches du dich entscheidest, sie sind alle kein Freibrief für hemmungs- und maßlosen Süßgenuss.

**Stevia:** Aus der aus Südamerika stammenden Pflanze Stevia rebaudiana, die bei uns kurz als Stevia bekannt ist, wird ein Süßungsmittel gewonnen, das jedoch keinerlei Auswirkungen auf den Blutzuckerspiegel hat. Steviablätter haben eine 30-mal höhere Süßkraft als Zucker. Du kannst Stevia als Pulver oder Tabs in jedem gut sortierten Supermarkt kaufen. Um die Süße aus den Blättern zu extrahieren und daraus Streusüße oder Tabs herzustellen, sind jedoch chemische Prozesse und Zusatzstoffe notwendig. Aber Achtung! Es gibt riesengroße Qualitätsunterschiede, die sich auch im Preis niederschlagen. Kaufe am besten Bioqualität, denn in den viel günstigeren Steviaprodukten ist nur ein geringer Anteil echte Stevia enthalten.

**Xylit:** Diesen seltsamen Namen haben Wissenschaftler bereits im 19. Jahrhundert vergeben. Sie fanden eine Art Zucker in manchen Gemüsearten, in Beeren und im Holz der Birke. Deshalb ist Xylit bei uns als Birkenzucker bekannt. Er wird aber nicht direkt aus Birkenholz gewonnen, sondern aus den zuckerhaltigen Holzgummifasern, den Xylanen, und steckt auch in anderen Harthölzern. Echter Xylit sollte ein Biosiegel tragen. Andernfalls kann statt Birke auch mal gentechnisch veränderter Maiskolbenabfall in der Tüte sein. Xylit liefert 40 Prozent weniger Kalorien als Haushaltszucker, kann bei übermäßigem Verzehr aber zu Blähungen und Durchfall führen.

**Erythrit:** Der Zuckerersatz, der natürlicherweise in Käse, Pflaumen oder Pistazien vorkommt, wird industriell durch Fermentation hergestellt. Er enthält kaum Kalorien und wirkt sich nur marginal auf den Blutzuckerspiegel aus. Anders als Xylit wirkt er normalerweise nicht blähend oder abführend.

**Frische Früchte:** In Müsli oder Smoothies sorgen frische Früchte für aromatische Süße. Klar, Banane, Mango und Co. enthalten auch Fruchtzucker, aber gleichzeitig schenken sie dir jede Menge Benefit mithilfe von Vitaminen, Mineral- und Ballaststoffen. Wenn du mich fragst, ist es die gesündeste Art zu süßen.

## Fit-Food nach dem Training

Für einen krassen Körper und genauso krasse Abnehmerfolge solltest du neben deiner Ernährung auch deine Bewegungsgewohnheiten umstellen. Sport gehört in das »Mach dich krass«-Programm wie das Salz in die Suppe. Dreimal 20 Minuten in der Woche Bodyweight-Training reichen, aber die solltest du auch wirklich durchführen. Das Gute daran ist: Du kannst die Übungen überall machen – zu Hause, im Büro, am Strand, im Hotelzimmer … faule Ausreden zählen ab sofort nicht mehr. Mehr dazu erfährst du in meinem Onlineprogramm »Mach dich krass«.

Und danach ist die richtige Ernährung das i-Tüpfelchen, damit deine Muskeln wachsen und das Fett verbrannt wird. Mit meinen Lieblingsshakes (ab Seite 142) lädst du mit Kohlenhydraten aus süßen Früchten deine leeren Energie-Akkus wieder auf. Hochwertiges Eiweiß aus Quark, Joghurt, Nussdrinks und Buttermilch ist Kraftfutter für deine Muskeln und hilft ihnen, sich optimal zu regenerieren.

# So sieht deine krasse Ernährung aus

Das »Mach dich krass«-Programm passt sich wirklich ganz individuell an deinen Alltag an. Dennoch solltest du ein paar Dinge im Hinterkopf behalten, um möglichst effektiv den Weg zum krassen Körper einzuschlagen. Wenn du einen Berg hochläufst, tust du das ja auch in einem Stück und läufst nicht einen Kilometer hoch, um dann wieder 300 Meter zurück zu laufen.

## Das gehört unbedingt dazu

Keine Angst, es sind nur ein paar kleine einfache Regeln, die du dir immer wieder ins Gedächtnis rufen solltest. Aber ich verspreche dir, dass sie dir nach ein paar Tagen bestimmt schon in Fleisch und Blut übergehen werden.

### 1. Eiweiß für die Muskeln und zur Regeneration

Iss jeden Tag etwa 1 bis 1,5 Gramm Eiweiß pro Kilogramm Körpergewicht. Wiegst du 60 Kilogramm, sind es 60 Gramm Eiweiß, bringst du 90 Kilogramm auf die Waage, sollten 90 Gramm Eiweiß jeden Tag auf deinem Speiseplan stehen. Am besten verteilst du diese Menge auf deine drei Hauptmahlzeiten.

### 2. Gemüse als krasser Nährstofflieferant

Ganz wichtig: viel Gemüse – ob als Beilage oder Hauptmahlzeit. Denn Gemüse liefert wenig Kalorien, viele Vitamine, Mineral- und Ballaststoffe. Bei Paprika, Tomaten, Fenchel und Co. kannst du bei jeder Mahlzeit nach Herzenslust zugreifen.

### 3. Wasser für Zellen und Organismus

Trinke jeden Tag mindestens zwei Liter Wasser. Dabei bleibt es dir überlassen, ob du es gern sprudelnd oder still magst. Ich empfehle dir aber nach dem Workout stilles Wasser, da es zum einen beruhigend auf dein Verdauungssystem wirkt, zum anderen sollte es erst mal deinen Flüssigkeitsverlust wieder ausgleichen und keine unerwünschten Nebeneffekte erzeugen. Zu viel kohlensäurehaltiges Wasser führt nämlich zu Blähungen, Völlegefühl und unangenehmes Aufstoßen. Am besten ist es, du wählst eine gute Mischung aus beiden. Zwei Liter sind genug, um alle Flüssigkeitsverluste durch Schwitzen, Atmen etc. wieder auszugleichen, den Ballaststoffen genug Quellwasser zur Verfügung zu stellen und die Fettverbrennung zusätzlich anzukurbeln. Denn Wasser liefert keine Energie, dein Körper muss jedoch Energie aufbringen, um die Flüssigkeit in den Organismus einschleusen zu können.

### 4. Schlaf für die Gesundheit

Studien zeigen: Wer zu wenig schläft, nimmt viel mehr ungesunde Nahrungsmittel zu sich, wie zum Beispiel Süßigkeiten, um den Mangel an Glückshormonen wieder auszugleichen. Darum empfehle ich dir mindestens sieben Stunden Schlaf pro Tag, in denen sich Körper und Geist erholen können.

### 5. Ein Cheat-Day pro Woche

Gönn dir jede Woche einen Cheat-Day, an dem du essen darfst, worauf du Lust hast. An diesem Tag sind auch Schokolade oder Pizza nicht tabu. Denn wer sich alles versagt, der schürt nur die Lust darauf. Wenn das Verbotene trotzdem einfach erlaubt ist, ist die Lust danach auch gar nicht mehr so groß. Und wenn doch: Kein Problem – einmal die Woche ist praktisch keinmal.

## Das geht gar nicht

Sieh diese Don'ts bitte nicht als Verbote an, sondern viel mehr als Hilfestellungen, dass sich auf deinem Weg zum krassen Körper auch keine Hindernisse auftürmen. Je mehr du diese vier Dinge beherzigst, desto effektiver bist du.

### 1. Unnötiger Süßkram

Der Cheat-Day ist und bleibt der einzige Tag, an dem Ausnahmen erlaubt sind. Eine Ausnahme von der Ausnahme solltest du gar nicht erst einreißen lassen. Gesüßte Getränke wie Limo, Cola, Cocktails, Bier, Wein und Fruchtnektare gehören nicht ins »Mach dich krass«-Programm. Sie jagen nur den Blutzuckerspiegel in die Höhe, lösen Heißhunger aus und liefern unnötige Kalorien.

### 2. Nicht verunsichern lassen

Zieh dein Ding einfach durch! Dein Ziel ist es, krass zu werden. Lass dich auch nicht von Kollegen oder Freunden verunsichern und dazu verführen, dein Programm abzubrechen.

### 3. Konservierungsstoffe, künstliche Farb- und Aromastoffe

Selber kochen ist der Schlüssel für krassen Erfolg. Wer dazu nicht bereit ist, für den ist mein Programm nicht das Richtige. Fertigprodukte und Würzmischungen kommen mir nicht in die Tüte und in den Topf. Aus möglichst naturbelassenen Zutaten, frischen Kräutern und einzelnen Gewürzen kochst du schnell und einfach tolle Gerichte, die keine künstlichen Zusatzstoffe wie Konservierungs-, Farb- und Aromastoffe enthalten.

### 4. Zu wenig trinken

Du treibst Sport und auf deinem Speiseplan stehen vorwiegend Gemüse und Hülsenfrüchte. Dazu braucht dein Körper ausreichend Flüssigkeit. Trinke deshalb immer ausreichend!

# Dein Traumbody – in nur 8 Wochen!

**Du willst abnehmen, ohne Diät zu machen? Du möchtest schnelle Erfolge erzielen und dich endlich wieder fit fühlen? Alles kein Problem! Mit meinem Trainingsprogramm und meinen gesunden Rezepten wirst du nach nur wenigen Wochen bereits sichtbare Erfolge erzielen. Drei Bausteine begleiten dich auf dem Weg zu deinem Traumbody.**

## Schlanker durch gesunde Ernährung

Moderat und nachhaltig stellst du deine Ernährung mit leckeren und alltagstauglichen Rezeptideen um. Die proteinreichen, aber kohlenhydratarmen Zutaten machen satt und schlank. So nimmst du ab, ohne auf etwas zu verzichten oder zu hungern und hältst dauerhaft dein Wunschgewicht.

## Kraftvoll und definiert durch Ganzkörpertraining

Mit nur dreimal 20 Minuten Bodyweighttraining pro Woche wird dein Fett schmelzen und deine Muskeln werden von Woche zu Woche deutlich wachsen. Du kannst überall und jederzeit trainieren – ganz ohne Geräte. Und damit dich das Training immer fordert, zeige ich dir in meinem Onlineprogramm jede Woche neue Trainingsvideos. Außerdem bauen die Workouts aufeinander auf, sodass auch Anfänger ganz leicht einsteigen können.

## Krass motiviert

Gemeinsam erreichen wir dein Trainingsziel! Ich werde dich Schritt für Schritt durch das Programm führen, dich pushen und dir immer wieder Tipps zum Durchhalten an die Hand geben. Ich garantiere dir, dass du nach 8 Wochen Training nicht mehr aufhören willst!

Bis du bereit für den krassesten Körper deines Lebens? Dann starte jetzt!

## Miriam hat einen flachen und definierten Bauch bekommen

»Ich habe mich bewusst für euer Programm entschieden, da ich voll berufstätig bin und außerdem noch studiere. Somit ist meine Freizeit stark beschränkt. Trotzdem wollte ich auch als Ausgleich Sporttreiben und dre3 x 20 Minuten in der Woche hat wirklich jeder Zeit.«

vorher

nachher

**Mein Extra:** Damit du auch mit dem Training starten und deine Ziele noch schneller erreichen kannst, findest du hier im Buch einen Gutschein-Code für mein Onlineprogramm.

## Michael hat 10 Kilo abgenommen

»Ich fühle mich immer besser, einfach gesagt: gesünder und fitter. Mein Fazit: Das Programm ist wirklich der Wahnsinn!«

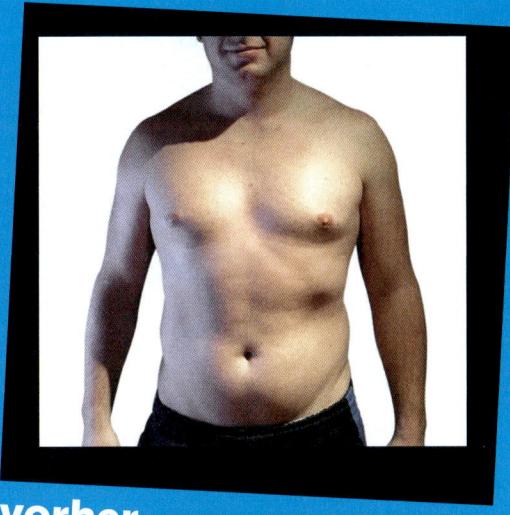

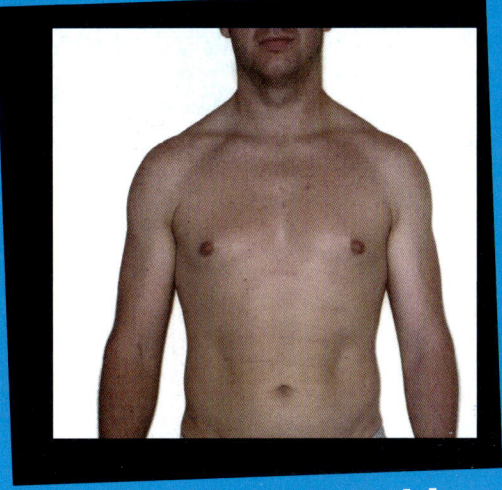

**nachher**

**vorher**

## André hat seinen Beachbody gestählt

»Ich möchte euch vor allem auch danken, dass ich durch das Programm einen eisernen Willen und echtes Durchhaltevermögen erhalten habe. Vorher fiel es mir immer ziemlich schwer, einen Start zu finden und etwas durchzuziehen.«

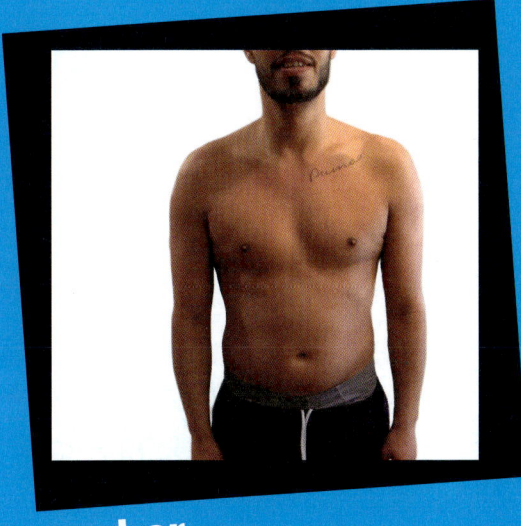

**nachher**

**vorher**

# MEINE
# REZEPTE

# Shakshouka

## Zutaten für 2 Portionen

1 kleine Zwiebel

1 Knoblauchzehe

4 Tomaten

100 g gekochter Schinken

1 TL Olivenöl

8 Eier

2 Stängel Petersilie nach
   Belieben

1 Prise Cayennepfeffer

Salz | frisch gemahlener
   schwarzer Pfeffer

## Zubereitung

**1** Zwiebel und Knoblauch schälen, die Zwiebel fein würfeln, den Knoblauch hacken. Die Tomaten waschen, putzen und in Würfel schneiden. Den Schinken ebenfalls würfeln.

**2** Das Öl in einer großen Pfanne erhitzen. Zwiebel und Knoblauch darin in ein paar Minuten glasig dünsten. Tomaten und Schinken zugeben und kurz mitbraten.

**3** Die Eier vorsichtig aufschlagen, zur Tomatenmischung geben und leicht stocken lassen. Mit einem Kochlöffel das Eiweiß (ohne das Eigelb zu berühren) unter die Tomatenmasse mischen. Die Pfanne zudecken und die Eier weitere 5 Minuten stocken lassen.

**4** Die Petersilie, falls verwendet, abbrausen, trocken schütteln, die Blättchen abzupfen und fein hacken.

**5** Die Shakshouka mit Cayennepfeffer, Salz und Pfeffer würzen und mit Petersilie bestreut servieren.

# Ruckzuck-Wraps

## Zutaten für 2 Portionen
### Für den Teig
2 EL gemahlene Leinsamen
(alternativ geschrotet)
130 g Kichererbsenmehl
1 TL Paprikapulver
2 TL Raps- oder Kokosöl zum
Braten

### Für die Füllung
2 Tomaten
1 Avocado
1 TL Limetten- oder Zitronensaft
Salz | frisch gemahlener
schwarzer Pfeffer
Chilipulver
200 g Thunfisch, im eigenen
Saft (Dose)

## Zubereitung

**1** Für den Teig alle Zutaten bis auf das Öl mit 200 ml Wasser in eine Schüssel geben und mit einem Schneebesen glatt rühren. Den Teig 5 Minuten ruhen lassen.

**2** In der Zwischenzeit für die Füllung die Tomaten waschen, putzen und in Würfel schneiden. Avocado halbieren, den Kern entfernen und das Fruchtfleisch aus der Schale lösen. In eine Schüssel geben und gut mit den gewürfelten Tomaten und dem Limetten- oder Zitronensaft vermengen. Mit Salz, Pfeffer und Chili abschmecken.

**3** Eine Pfanne erhitzen und den Pfannenboden dünn mit Öl bestreichen. Ein Viertel des Teiges kreisförmig in die Pfanne gießen und ausbacken. Nach 2 Minuten wenden und die andere Seite fertig backen. Den restlichen Teig ebenso zubereiten.

**4** Die Wraps auf Küchenpapier abtropfen lassen und anschließend befüllen: Auf einer Hälfte mit Avocado-Tomaten-Mischung bestreichen und mit Thunfisch belegen, zusammenrollen und sofort genießen. Alternativ kannst du die Wraps auch in Folie einschlagen und fertig ist dein Frühstück to go.

**Zu diesem pikanten Frühstück schmecken frische Kräuter wie Petersilie, Koriander oder Schnittlauch.**

# Spinatpfanne mit Spiegeleiern

**Zutaten für 2 Portionen**

450 g Blattspinat (alternativ
   TK-Spinat)

350 g Champignons

1 große Zwiebel

1 Knoblauchzehe

1 EL Kokosöl

Salz | frisch gemahlener
   schwarzer Pfeffer

frisch geriebene Muskatnuss

4 Eier

**Zubereitung**

**1** Den Spinat waschen, trocken schleudern und grob hacken. Tiefgefrorenen Spinat in einem Topf erwärmen und auftauen lassen.Champignons trocken abreiben, putzen und je nach Größe vierteln oder achteln. Zwiebel und Knoblauch schälen und fein würfeln.

**2** Das Öl in einer Pfanne erhitzen. Zwiebel und Knoblauch darin glasig schwitzen. Champignons zufügen und ein paar Minuten mitbraten. Mit Salz und Pfeffer würzen.

**3** Den Spinat in die Pfanne geben und in ca. 2 Minuten zusammenfallen lassen. Mit Muskat, Salz und Pfeffer abschmecken.

**4** Die Eier aufschlagen und vorsichtig auf den Spinat gleiten lassen. Bei mittlerer Hitze zugedeckt in ca. 5 garen, bis die Eier gestockt sind.

# Omelett mit Champignons und Kürbiskernen

**Zutaten für 2 Portionen**

4 Eier

Salz | frisch gemahlener
  schwarzer Pfeffer

1 EL getrocknete oder TK-
  Petersilie

300 g Champignons

1 kleine Zwiebel

1 TL Kokosöl

2 EL Kürbiskerne

**Zubereitung**

**1** Die Eier in einer Schüssel mit einer Gabel verquirlen. Mit Salz, Pfeffer und Petersilie würzen.

**2** Champignons trocken abreiben, putzen und vierteln. Die Zwiebel schälen und fein würfeln.

**3** Das Kokosöl in einer Pfanne erhitzen und Zwiebel und Pilze darin scharf anbraten. Mit Salz und Pfeffer würzen.

**4** Die Temperatur reduzieren. Die Eiermasse auf die Zwiebel-Pilz-Mischung gießen und mit Kürbiskernen bestreuen. Die Pfanne mit einem Deckel schließen und die Eier in ca. 10 Minuten bei geringer Hitze stocken lassen.

**5** Anschließend das Omelett halbieren, umschlagen und auf zwei Tellern anrichten.

**In der Pilzsaison lässt sich das Omelett auch gut mit anderen frischen Pilzen, wie Steinpilzen oder Pfifferlingen, zubereiten. Außerhalb der Saison kannst du auf tiefgefrorene Pilze zurückgreifen.**

# Rührei mit Tomate

**Zutaten für 2 Portionen**

4 Eier

2 Eiweiß

Salz | frisch gemahlener
  schwarzer Pfeffer

2 Handvoll Dattel- oder Cock-
  tailtomaten

½ kleine Zwiebel

1 Handvoll Basilikumblätter
  oder 4 Stängel Schnittlauch

1 TL Kokosöl

**Zubereitung**

**1** Eier und Eiweiße mit 4 EL Wasser verquirlen. Mit Salz und Pfeffer würzen.

**2** Die Tomaten waschen, putzen und je nach Größe halbieren oder vierteln. Die Zwiebel schälen und fein würfeln. Basilikum oder Schnittlauch abbrausen und trocken tupfen. Basilikumblätter etwas kleiner zupfen, Schnittlauch in Röllchen schneiden.

**3** Das Öl in einer großen Pfanne erhitzen. Die Zwiebel darin in 5 Minuten farblos anschwitzen. Die Eiermasse zugeben und bei mittlerer Hitze kurz stocken lassen. Dann die Tomaten zufügen und alles mit einem Pfannenwender immer wieder langsam vom Rand zur Mitte schieben, bis die Eiermasse vollständig gestockt ist.

**4** Das Rührei auf zwei Teller verteilen und mit Basilikum oder Schnittlauch bestreut servieren.

# Tofurührei

## Zutaten für 2 Portionen

300 g Naturtofu

100 g Räuchertofu

1 kleine Zwiebel

4 Stängel Schnittlauch

1 EL Rapsöl

Salz | frisch gemahlener
schwarzer Pfeffer

½ TL Kurkuma

1 EL ungesüßtes Nussmus
(z. B. Erdnussmus)

## Zubereitung

**1** Beide Tofusorten mit einer Gabel oder mit den Händen fein zerbröseln. Die Zwiebel schälen und fein
würfeln. Den Schnittlauch abbrausen, trocken tupfen
und in Röllchen schneiden.

**2** Das Öl in einer Pfanne erhitzen und die Zwiebel darin
glasig schwitzen. Den Tofu zugeben und ca. 4 Minuten mitbraten. Mit Salz, Pfeffer und Kurkuma würzen.

**3** Das Nussmus mit 1 EL Wasser untermischen, damit
das Tofurührei schön saftig wird.

**4** Den Tofu auf zwei Teller verteilen und mit Schnittlauch bestreuen.

Blattspinat, Tomaten, Champignons oder
Frühlingszwiebeln passen prima zum
Tofurührei.

# Spiegelei mit Baked Beans und Schinken

## Zutaten für 2 Portionen

400 g weiße Bohnen in Tomatensoße (Dose)

140 g magerer roher Schinken, in Scheiben

4 Eier

Salz | frisch gemahlener
schwarzer Pfeffer

2 Stängel Petersilie nach
Belieben

## Zubereitung

**1** Den Backofen auf 80 °C Ober-/Unterhitze vorheizen. Die Bohnen in einem Topf erwärmen.

**2** Den Schinken in einer beschichteten Pfanne ohne Fett knusprig braten, dann auf einem Teller im vorgeheizten Ofen warm halten. In derselben Pfanne die Eier zu Spiegeleiern braten. Mit Salz und Pfeffer würzen.

**3** Die Petersilie, falls verwendet, abbrausen, trocken tupfen und die Blättchen abzupfen.

**4** Spiegeleier, Bohnen und Schinken auf zwei Tellern anrichten und mit Petersilie bestreut servieren.

Statt Bohnen aus der Dose kannst du auch frische oder getrocknete weiße Bohnen verwenden. Hierfür die Bohnen mit 1 EL Zitronensaft und etwas Wasser in einem Topf mind. 10–15 Minuten köcheln lassen.

# Schinken-Ei-Muffins

### Zutaten für 4 Muffins

150 g grüner Spargel

100 g magerer roher Schinken, in Scheiben

4 Eier

Salz | frisch gemahlener schwarzer Pfeffer

### Zubereitung

1 Den Backofen auf 180 °C Ober-/Unterhitze vorheizen.

2 Den Spargel putzen und von den unteren holzigen Enden befreien, dann in kleine Stücke schneiden.

3 Vier Muffinförmchen aus Silikon oder vier Mulden eines Muffinblechs kreuzweise mit Schinken auskleiden, sodass die Enden leicht überstehen und die Vertiefungen komplett mit Schinken ausgelegt sind.

4 Jede Mulde zuerst mit Spargelstücken füllen, danach die Eier aufschlagen und vorsichtig darübergießen. Die Eier mit Salz und Pfeffer würzen und im Ofen ca. 15 Minuten backen, bis das Eiweiß fest ist. Anschließend die Muffins vorsichtig aus den Mulden heben und heiß oder kalt genießen.

Du kannst die Muffins auch mit gewürfelten Tomaten, Paprika, Erbsen oder Spinat füllen.

# Crunchy Nussmüsli

### Zutaten für 2 Portionen

4 EL gehackte Nüsse (z. B. Walnuss- oder Haselnusskerne)

2 EL Kerne (z. B. Sonnenblumen- oder Kürbiskerne)

400 g ungesüßter Soja- oder Mandeljoghurt

4 EL geschrotete Leinsamen

1 Msp. Bourbon-Vanille- oder Zimtpulver

2 TL Kokosflocken nach Belieben

### Zubereitung

1  Nüsse und Kerne in einer Pfanne ohne Fett leicht anrösten.

2  Den Joghurt auf zwei Schälchen verteilen. Leinsamen und Nuss-Kerne-Mix darübergeben und alles mit Vanille- oder Zimtpulver bestreuen.

3  Das Nussmüsli nach Belieben mit Kokosflocken toppen.

**Du kannst statt Soja- oder Mandeljoghurt auch Kokos-, Nuss- oder Sojadrink in dein Müsli mischen.**

# Nussbrot

**Zutaten für 1 kleines Kastenbrot**

2 EL Kokosöl

2 EL Leinsamenmehl

2 ½ TL Weinsteinbackpulver

140 g gemahlene Haselnüsse

40 g Sonnenblumenkerne

20 g Kürbiskerne

60 g Sesamsamen

4 Eier

1 Prise Salz

1 TL getrockneter Oregano

**Zubereitung**

**1** Den Backofen auf 180 °C Ober-/Unterhitze vorheizen. Das Kokosöl bei niedriger Temperatur schmelzen.

**2** Leinsamenmehl, Backpulver, Haselnüsse, Sonnenblumen- und Kürbiskerne (je 1 EL zum Bestreuen beiseitelegen) und Sesamsamen in einer Schüssel vermengen. Kokosöl, Eier, Salz und Oregano zufügen und alles gründlich verkneten.

**3** Eine kleine Kastenform mit Backpapier auskleiden. Den Teig in die Form füllen und mit den beiseitegelegten Kernen bestreuen, diese leicht andrücken.

**4** Das Brot ca. 40 Minuten im Ofen backen. Gegen Ende der Garzeit die Stäbchenprobe machen: Dazu ein kleines Holzstäbchen in das Brot stecken und wieder herausziehen. Bleibt kein Teig daran haften, ist das Brot fertig.

**5** Das Brot aus der Form nehmen und auskühlen lassen.

**Zu diesem leckeren Nussbrot kannst du auch den Paprika-Walnuss-Aufstrich (Seite 40), den Avocado-Tofu-Aufstrich (Seite 41) oder den Schoko-Nuss-Aufstrich (Seite 43) genießen.**

# Paprika-Walnuss-Aufstrich

## Zutaten für 2 Portionen

1 rote Paprikaschote
1 Tomate
1 kleine Karotte
½ Schalotte
3 Stängel Petersilie (alternativ
   1 EL TK-Petersilie)
1 TL Kokos- oder Olivenöl
1–2 EL gemahlene Walnüsse
Salz | frisch gemahlener
   schwarzer Pfeffer

## Zubereitung

**1** Paprika und Tomate waschen, putzen und würfeln. Karotte und Schalotte schälen und ebenfalls in feine Würfel schneiden. Petersilie abbrausen, trocken tupfen, die Blättchen abzupfen und hacken. Nach Belieben 1 TL zum Dekorieren beiseitelegen.

**2** Kokos- oder Olivenöl in einem Topf erhitzen und das vorbereitete Gemüse darin ca. 5 Minuten anschwitzen. Den Topf vom Herd nehmen.

**3** Petersilie und 1 EL gemahlene Walnüsse zufügen, alles mit Salz und Pfeffer würzen und mit einem Pürierstab fein mixen. Sollte der Aufstrich nicht dick genug sein, die restlichen Walnüsse untermischen, erneut pürieren und abschmecken. In ein Schälchen oder Glas füllen und mit Petersilie dekoriert servieren.

**4** Der Aufstrich ist im Kühlschrank etwa 3 Tage haltbar.

![Avocado-Tofu-Aufstrich in a white square bowl with a white spoon on a dark slate board]

# Avocado-Tofu-Aufstrich

**vegan**

## Zutaten für 2 Portionen

100 g Naturtofu

1 reife Avocado

1 TL Zitronensaft

1 große Tomate

1 Frühlingszwiebel

2 Stängel Petersilie nach
   Belieben

Salz | frisch gemahlener
   schwarzer Pfeffer

Paprikapulver nach Belieben

## Zubereitung

**1** Den Tofu in einer Schüssel mit einer Gabel zerdrücken. Die Avocado halbieren, den Stein entfernen und das Fruchtfleisch mit dem Zitronensaft zum Tofu geben. Die Avocado ebenfalls mit der Gabel zerdrücken und gut untermischen.

**2** Tomate und Frühlingszwiebel waschen und putzen. Die Tomate grob würfeln, den weißen Abschnitt der Frühlingszwiebel in feine Ringe schneiden. Die Petersilie, falls verwendet, abbrausen, trocken tupfen, die Blättchen abzupfen und grob hacken. Alle vorbereiteten Zutaten unter die Avocado-Tofu-Mischung rühren.

**3** Den Aufstrich mit Salz, Pfeffer und Paprikapulver nach Belieben würzen.

# Schoko-Nuss-Aufstrich

vegan

## Zutaten für 2 Portionen

**200 g Haselnusskerne**
**2 EL Kokosöl, ggf. etwas mehr**
**1 Prise Salz**
**2 EL stark entöltes Kakao-
 pulver**
**½ TL Bourbon-Vanillepulver**
**Stevia oder Erythrit (Seite
 16/17) nach Belieben**

## Zubereitung

**1** Den Backofen auf 170 °C Ober-/Unterhitze vorheizen. Die Haselnüsse auf einem mit Backpapier ausgelegten Blech verteilen und 5–8 Minuten im Ofen rösten.

**2** Die Nüsse in einen Mixer geben und auf höchster Stufe fein mahlen.

**3** Das Kokosöl bei niedriger Temperatur schmelzen. Anschließend mit Salz, Kakao und Vanille zu den Nüssen geben und alles zu einem cremigen Aufstrich mixen. Ist er nicht cremig genug, etwas mehr geschmolzenes Öl untermischen. Den Aufstrich nach Belieben mit Stevia oder Erythrit süßen.

**4** Den Schoko-Nuss-Aufstrich in ein Glas füllen und im Kühlschrank aufbewahren.

# Herzhafte Muffins

**Zutaten für 6 Muffins**

2 Eier

4 Eiweiß

Salz | frisch gemahlener
schwarzer Pfeffer

1 TL Currypulver

200 g TK-Erbsen, aufgetaut

**Zubereitung**

**1** Den Backofen auf 180 °C Ober-/Unterhitze vorheizen.

**2** Eier und Eiweiße mit einem Schneebesen schaumig schlagen und mit Salz, Pfeffer und Curry würzen.

**3** Sechs Mulden eines Muffinblechs mit Papierförmchen auslegen. Die Erbsen auf die Mulden verteilen und die Eiermasse darübergießen. Die Muffins ca. 15 Minuten im Ofen backen. Anschließend aus den Mulden lösen und warm oder kalt genießen.

Gib statt Erbsen z. B. Karotten- oder Zucchiniraspel in den Muffinteig.

# Zweierlei Fisch auf Gemüse

**Zutaten für 2 Portionen**

**2 gelbe Paprikaschoten**

**1–2 Knollen vorgegarte Rote Bete**

**150 g geräuchertes Forellenfilet**

**1 ½ TL Zitronensaft**

**1 ½ EL Meerrettich**

**150 g Räucherlachs**

**Zubereitung**

**1** Die Paprika waschen, putzen und in sechs große Stücke schneiden. Rote Bete in sechs dicke Scheiben schneiden.

**2** Das Forellenfilet mit Zitronensaft und Meerrettich in ein hohes Gefäß geben und mit dem Stabmixer fein pürieren.

**3** Je drei Rote-Bete-Scheiben auf einem Teller anrichten und das Forellenmus darauf verteilen. Je drei Paprikastücke daneben anrichten und mit dem Räucherlachs belegen.

**MEIN TIPP**

**Wenn es schnell gehen soll, das Forellenfilet mit Meerrettich bestreichen und in sechs Stücke schneiden. Rote-Bete-Scheiben mit dem Fisch belegen und mit Zitronensaft beträufeln.**

**Den Lachs mit gehacktem Dill bestreut servieren.**

# Lachs-Rucola-Rollen (Foto)

**Zutaten für 2 Portionen**

2 Eier

3 Handvoll Rucola

200 g Räucherlachs

2 EL Wasabipaste (alternativ
Meerrettich aus dem Glas)

**Zubereitung**

**1** Die Eier in ca. 8 Minuten hart kochen. Anschließend abschrecken, pellen und grob hacken.

**2** Den Rucola verlesen, waschen und trocken schleudern.

**3** Den Räucherlachs mit Wasabi bestreichen. Räucherlachsscheiben mit Rucola und gehacktem Ei belegen und zusammenrollen.

**MEIN TIPP**

**Lachs-Rucola-Rollen in eine Vorratsdose legen und fertig ist dein Snack to go!**

# Gefüllte Krabben-Avocado

**Zutaten für 2 Portionen**

200 g Nordseekrabben (alternativ TK-Krabben, aufgetaut)

2 kleine Avocados

1 TL Zitronensaft

1 Handvoll schwarze Oliven
ohne Stein

Salz | frisch gemahlener
schwarzer Pfeffer

**Zubereitung**

**1** Die Krabben in ein Sieb geben, mit kaltem Wasser abspülen und gut abtropfen lassen. Anschließend grob hacken.

**2** Die Avocados halbieren und den Kern entfernen. Das Fruchtfleisch auslösen, würfeln und sofort mit Zitronensaft mischen. Die Schalen aufbewahren.

**3** Die Oliven in Ringe schneiden und mit Avocadofruchtfleisch und Krabben vermengen. Mit Salz und Pfeffer würzen.

**4** Die Avocadomischung in die ausgehöhlten Schalen füllen und servieren.

**Die Füllung mit gewürfelter Gurke ergänzen.**

# Gurkenschiffchen mit Sardinen

**Zutaten für 2 Portionen**

1 große Gurke

200 g Sardinen ohne Haut
und Gräten, in Öl eingelegt
(Dose)

5 Stängel Petersilie

2 TL Kapern

2 TL Zitronensaft

Salz | frisch gemahlener
schwarzer Pfeffer

**Zubereitung**

**1** Die Gurke waschen und längs halbieren. Das Gurkenfleisch mit einem Teelöffel auslösen, grob hacken und
in einem Sieb leicht ausdrücken.

**2** Sardinen abtropfen lassen, überschüssiges Fett mit einem Küchentuch abtupfen. Die Sardinen grob hacken.

**3** Die Petersilie abbrausen, trocken schütteln, die Blättchen abzupfen und hacken.

**4** Gurkenfleisch, Sardinen, Petersilie, Kapern und Zitronensaft mit einer Gabel vermengen und mit Salz und
Pfeffer würzen. Die Gurkenhälften damit füllen und
servieren.

# Gurkensandwich

**Zutaten für 2 Portionen**

1 Gurke

2 TL gesalzene Erdnussbutter

ca. 6 Scheiben Räuchertofu

**Zubereitung**

**1** Die Gurke waschen und längs halbieren, dann mithilfe
eines Teelöffels von den Kernen befreien.

**2** Eine Gurkenhälfte mit der Erdnussbutter bestreichen
und mit dem Räuchertofu belegen.

**3** Die andere Hälfte als Deckel darauflegen und das Gur-
kensandwich vor dem Servieren quer halbieren.

# Grünkohlchips

**Zutaten für 2 Portionen**
**200 g Grünkohl**
**2 EL Olivenöl**
**Salz**
**Hefeflocken zum Bestreuen**

**Zubereitung**

**1** Den Backofen auf 180 °C Ober/Unterhitze vorheizen.

**2** Den Grünkohl waschen, putzen und in mundgerechte Stücke zupfen. In eine große Schüssel geben, mit Olivenöl mischen und mit Salz würzen. Am besten den Grünkohl mit den Händen leicht »kneten«, bis alles gut vermengt ist.

**3** Den Kohl auf einem mit Backpapier ausgelegten Backblech verteilen. Eine dünne Schicht Hefeflocken darüberstreuen und die Chips in ca. 10 Minuten knusprig backen.

# Gemüsesticks mit Asia-Zaziki

vegan

## Zutaten für 2 Portionen

1 kleine Gurke

Salz

2 Stängel Koriander

1 große Knoblauchzehe

1 Dose ungesüßte Kokosmilch
   (400 ml)

1 TL Sesamöl

1 TL Limettensaft

frisch gemahlener schwarzer
   Pfeffer

300 g frisch geschnittene
   Gemüsesticks (z. B. Sellerie,
   Karotte, Paprika, Gurke)

## Zubereitung

**1**  Die Gurke schälen und mit einer Reibe fein raspeln.
Die Gurkenraspel in ein Sieb geben, mit Salz bestreu-
en und 10 Minuten ziehen lassen. Anschließend gut
ausdrücken.

**2**  Den Koriander abbrausen, trocken schütteln, die
Blättchen abzupfen und fein hacken. Den Knoblauch
schälen und pressen.

**3**  Die Kokosmilchdose vor dem Öffnen nicht schütteln.
Die feste Kokosmilchcreme, die sich oben abgesetzt
hat, vorsichtig abnehmen und in eine Schüssel geben
(das in der Dose verbliebene flüssige Kokoswasser
anderweitig verwenden). Die Kokoscreme mit Knoblauch, Öl, Limettensaft, Salz und Pfeffer verrühren.
Gurke und Koriander unterheben. Zaziki mit Gemüsesticks servieren.

# Hummus

## Zutaten für 2 Portionen

**400 g Kichererbsen (Glas oder Dose)**
**1 große Knoblauchzehe**
**2 EL Tahin (Sesampaste)**
**Saft von 1 Zitrone**
**1 TL Kreuzkümmelpulver**
**Salz | frisch gemahlener schwarzer Pfeffer**
**4 Stängel Petersilie nach Belieben**

## Zubereitung

**1** Die Kichererbsen in ein Sieb geben, mit kaltem Wasser abspülen und abtropfen lassen. Den Knoblauch schälen und grob hacken.

**2** Kichererbsen und Knoblauch mit Tahin, Zitronensaft und Kreuzkümmel in ein hohes Gefäß geben und mit dem Stabmixer fein pürieren. Mit Salz und Pfeffer abschmecken. Etwas Wasser unterrühren, bis der Hummus schön cremig ist.

**3** Die Petersilie, falls verwendet, abbrausen, trocken tupfen, die Blättchen abzupfen und fein hacken. Den Hummus nach Belieben damit garnieren.

**MEIN TIPP**

Den Hummus mit Gemüsesticks zum Dippen servieren.

# Schnelle Asia-Hühnersuppe

## Zutaten für 2 Portionen

**250 g Hähnchenbrustfilet**
**1 große Handvoll**
**Champignons**
**½ rote Paprikaschote**
**3 Stängel Koriander**
**1 Dose fettreduzierte Kokos-**
**milch (400 ml)**
**500 ml Hühnerbrühe**
**1 ½ TL rote Currypaste**
**Saft von ½ Limette**
**Salz | frisch gemahlener**
**schwarzer Pfeffer**

## Zubereitung

**1** Das Fleisch unter kaltem Wasser abspülen, trocken tupfen und in Streifen schneiden. Champignons trocken abreiben, putzen und vierteln oder achteln. Paprika waschen, putzen und in feine Streifen schneiden. Koriander abbrausen, trocken schütteln, die Blättchen abzupfen und hacken.

**2** Kokosmilch und Brühe mit der Currypaste in einen Topf geben, aufkochen und ein paar Minuten köcheln lassen. Das Hähnchenbrustfilet zufügen und in ca. 10 Minuten garen.

**3** Nach ca. 5 Minuten Champignons, Paprika und Koriander untermischen.

**4** Die Suppe mit Limettensaft, Salz und Pfeffer würzen, auf zwei Teller verteilen und servieren.

# Blumenkohl-Brokkoli-Suppe mit Räucherlachs

**Zutaten für 2 Portionen**

350 g Blumenkohl (alternativ TK-Blumenkohl)

250 g Brokkoli (alternativ TK-Brokkoli)

Salz

1 kleine Zwiebel

1 TL Kokosöl

3 EL fettarme Soja-Koch-creme

ca. 200 ml Gemüsebrühe nach Bedarf

frisch gemahlener schwarzer Pfeffer

2 Scheiben Räucherlachs

**Zubereitung**

1 Blumenkohl und Brokkoli waschen, putzen und in einzelne Röschen teilen. Beides in einem Topf knapp mit Wasser bedecken und leicht salzen. Das Wasser aufkochen und das Gemüse in 10–15 Minuten weich garen. Das Garwasser nicht wegschütten.

2 In der Zwischenzeit die Zwiebel schälen und fein würfeln. Das Öl in einer Pfanne erhitzen und die Zwiebel darin 1–2 Minuten scharf anbraten.

3 Die Zwiebel zum Blumenkohl-Brokkoli-Gemüse geben und alles mit einem Stabmixer fein pürieren. Soja-Kochcreme und nach Bedarf etwas Gemüse-brühe zufügen und die Suppe mit Salz und Pfeffer würzen. Den Räucherlachs in Streifen schneiden und als Einlage in die Suppe geben oder auf zwei Spieße stecken. Die Suppe auf zwei Teller verteilen und mit dem Lachs servieren.

# Karotten-Fenchel-Suppe mit Kürbiskernen

vegan

## Zutaten für 2 Portionen

400 g Karotten

1 kleine Fenchelknolle

1 kleine Zwiebel

3 Stängel Petersilie

1 TL Olivenöl

ca. 500 ml Gemüsebrühe

Salz | frisch gemahlener
   schwarzer Pfeffer

1 Msp. Chilipulver

2 EL Kürbiskerne

## Zubereitung

1 Karotten schälen und in Scheiben schneiden. Fenchel waschen, putzen und in grobe Stücke schneiden. Die Zwiebel schälen und grob würfeln. Petersilie abbrausen, trocken tupfen, die Blättchen abzupfen und grob hacken.

2 Das Öl in einem Topf erhitzen und Zwiebel und Karotten darin ein paar Minuten anschwitzen.

3 Fenchel zufügen und alles mit Gemüsebrühe ablöschen, aufkochen und ca. 20 Minuten köcheln lassen. Die Suppe mit einem Stabmixer fein pürieren und mit Salz, Pfeffer und Chili würzen.

4 Die Suppe auf zwei Teller verteilen und mit Kürbiskernen und Petersilie garniert servieren.

# Asiatische Champignonsuppe

## Zutaten für 2 Portionen

400 g Champignons

2 Schalotten

1 TL Kokosöl

300 ml Gemüsebrühe

1 kleines Stück Ingwer (ca.
1 cm)

¼ rote Chilischote nach Belieben

3 Stängel Koriander (alternativ
Petersilie)

100 ml ungesüßte Kokosmilch

Salz | frisch gemahlener
schwarzer Pfeffer

## Zubereitung

**1** Die Champignons trocken abreiben, putzen und vierteln. Nach Belieben einen Champignon für die Garnitur in Scheiben schneiden und beiseitelegen. Schalotten schälen und grob würfeln.

**2** Das Öl in einem Topf erhitzen und die Schalotten
glasig schwitzen. Die Champignons zufügen und ein
paar Minuten mitbraten. Mit der Gemüsebrühe ablöschen und zugedeckt ca. 10 Minuten köcheln lassen.

**3** Währenddessen den Ingwer schälen und fein reiben.
Die Chili, falls verwendet, putzen und fein würfeln.
Den Koriander abbrausen, trocken schütteln, die Blätt-
chen abzupfen und hacken.

**4** Die Kokosmilch einrühren und die Suppe mit einem
Stabmixer pürieren. Mit Ingwer, Chili, Salz und Pfeffer
würzen. Die Suppe auf zwei Teller verteilen und mit
Pilzscheiben und Koriander garniert servieren.

# Tomaten-Kokos-Suppe

**Zutaten für 2 Portionen**

1 rote Paprikaschote

2 Schalotten

1 Stück Ingwer (ca. 3 cm)

1 TL Kokosöl

400 g stückige Tomaten
   (Dose)

1 Dose ungesüßte Kokosmilch
   (400 ml)

2 Stängel Koriander (alternativ
   Petersilie)

Salz | frisch gemahlener
   schwarzer Pfeffer

1 Msp. Chilipulver

**Zubereitung**

1   Paprika waschen, putzen und in Würfel schneiden.
    Schalotten und Ingwer schälen und fein hacken.

2   Das Öl in einem Topf erhitzen. Schalotten, Paprika
    und Ingwer darin ein paar Minuten anschwitzen.
    Tomaten und Kokosmilch einrühren, aufkochen und
    alles 10–12 Minuten köcheln lassen.

3   Koriander abbrausen, trocken schütteln, die Blättchen
    abzupfen und hacken.

4   Die Suppe mit einem Stabmixer fein pürieren und mit
    Salz, Pfeffer und Chilipulver abschmecken. Auf zwei
    Teller verteilen und mit Koriander garniert servieren.

# Kichererbsen-Linsen-Eintopf

**Zutaten für 2 Portionen**

250 g braune Linsen (Dose)
150 g Kichererbsen (Dose)
2 Tomaten
1 kleine Zwiebel
1 TL Olivenöl
500 ml Gemüsebrühe
2 Stängel Petersilie
1 EL Kreuzkümmelpulver
Salz | frisch gemahlener
   schwarzer Pfeffer

**Zubereitung**

1 Linsen und Kichererbsen in ein Sieb abgießen, unter kaltem Wasser abspülen und abtropfen lassen.

2 Tomaten waschen, putzen und würfeln. Zwiebel schälen und ebenfalls fein würfeln.

3 Das Öl in einem Topf erhitzen und die Zwiebel darin glasig schwitzen. Tomaten und Kichererbsen zufügen und kurz mitdünsten, dann mit der Brühe ablöschen und zugedeckt ca. 10 Minuten köcheln lassen.

4 Petersilie abbrausen, trocken schütteln, die Blättchen abzupfen und hacken.

5 Linsen und Kreuzkümmel einrühren und den Eintopf weitere 5 Minuten köcheln lassen. Mit Salz und Pfeffer würzen, auf zwei Teller verteilen und mit Petersilie garniert servieren.

# Hühnersuppe mit Rosenkohl

## Zutaten für 2 Portionen

250 g Hähnchenbrustfilet

400 g Rosenkohl (alternativ TK-Rosenkohl, aufgetaut)

1 kleine Zwiebel

¼ rote Chilischote

800 ml Gemüsebrühe

1 TL Kokosöl

1–2 EL fettreduzierte Kokosmilch

Saft von ½ Limette (alternativ Zitronensaft)

Salz | frisch gemahlener schwarzer Pfeffer

## Zubereitung

**1** Das Fleisch unter kaltem Wasser abspülen, trocken tupfen und in Streifen schneiden. Den Rosenkohl waschen und putzen. Zwiebel schälen und würfeln, Chili putzen und in Ringe schneiden.

**2** Das Öl in einem Topf erhitzen und die Zwiebel darin ein paar Minuten anschwitzen. Hähnchenstreifen und Rosenkohl zugeben und alles kräftig anbraten. Mit Gemüsebrühe ablöschen und ca. 10 Minuten köcheln lassen.

**3** Die Kokosmilch einrühren und die Suppe mit Limettensaft, Salz, Pfeffer und Chili würzen. Auf zwei Teller verteilen und sofort servieren.

**Toppe deine Suppe mit Sprossen, weiteren Kräutern oder Sesamsamen. Für noch mehr Pep gib Geflügelwürstchen, geräucherten Lachs oder gebratene Garnelen in die Suppe.**

# Schnelle Erbsensuppe

**Zutaten für 2 Portionen**

1 kleine Zwiebel
4 Stängel Petersilie oder
  1 Handvoll Kresse
1 TL Olivenöl
400 ml Gemüsebrühe
250 g TK-Erbsen
3 EL ungesüßter Sojadrink
Salz | frisch gemahlener
  schwarzer Pfeffer

**Zubereitung**

1 Die Zwiebel schälen und fein hacken. Petersilie abbrausen, trocken schütteln, die Blättchen abzupfen und fein hacken, Kresse abzupfen, abbrausen und trocken tupfen.

2 Das Öl in einem Topf erhitzen und die Zwiebel darin glasig schwitzen. Mit Gemüsebrühe ablöschen und die Erbsen zufügen. Alles aufkochen und ca. 10 Minuten köcheln lassen.

3 Die Suppe mit dem Stabmixer fein pürieren. Sojadrink zufügen und die Suppe mit Salz und Pfeffer würzen. Auf zwei Teller verteilen und mit Kräutern, z. B. Petersilie, bestreut servieren.

# Linseneintopf mit Kassler

**Zutaten für 2 Portionen**

150 g Kassler

1 Karotte

1 Stange Lauch

400 g braune Linsen (Dose)

1 TL Kokosöl

200 ml Gemüsebrühe

3 Stängel Petersilie

Salz | frisch gemahlener
schwarzer Pfeffer

**Zubereitung**

**1** Kassler unter kaltem Wasser abspülen, abtupfen und in Würfel schneiden. Karotte schälen und in Scheiben schneiden. Lauch waschen, putzen und in Ringe schneiden. Die Linsen in ein Sieb abgießen, abspülen und abtropfen lassen.

**2** Das Öl in einem hohen Topf erhitzen, Kassler, Karotte und Lauch darin anschwitzen.

**3** Linsen und Gemüsebrühe zufügen und alles aufkochen. Den Eintopf ca. 10 Minuten zugedeckt köcheln lassen.

**4** Petersilie abbrausen, trocken schütteln, die Blättchen abzupfen und bis auf ein paar für die Garnitur fein hacken.

**5** Den Eintopf mit Salz und Pfeffer würzen, mit der gehackten Petersilie vermengen und auf zwei Teller verteilen. Mit ganzen Petersilienblättchen garniert servieren.

# Gemüsesalat mit
# Senf-Knoblauch-Dressing

**Zutaten für 2 Portionen**

**150 g TK-Erbsen**

**2 Eier**

**4 Tomaten**

**2 Karotten**

**1 rote Zwiebel**

**100 g Blattspinat oder Feld-
salat**

**1 TL Senf (z. B. Dijon-Senf)**

**2 EL Olivenöl**

**1 EL Weißweinessig**

**1 Knoblauchzehe**

**Salz | frisch gemahlener
schwarzer Pfeffer**

**3 Stängel Petersilie**

**Zubereitung**

**1** Die Erbsen in ca. 10 Minuten in einem Topf mit kochendem Wasser garen. Anschließend abgießen und
abschrecken.

**2** Währenddessen die Eier in ca. 8 Minuten hart kochen,
abschrecken, pellen und in Scheiben schneiden.

**3** Die Tomaten waschen, putzen und würfeln. Karotten
schälen und fein raspeln. Die Zwiebel schälen und in
feine Würfel schneiden. Blattspinat oder Feldsalat verlesen, gründlich waschen und trocken schleudern.

**4** Für das Dressing Senf mit Olivenöl und Weißweinessig
verrühren. Den Knoblauch schälen, durch die Presse
drücken und unter das Dressing mischen. Mit Salz und
Pfeffer würzen.

**5** Petersilie abbrausen, trocken tupfen, die Blättchen
abzupfen, fein hacken und ebenfalls unter das Dressing
mischen.

**6** Dressing, Gemüse, Eier und Spinat nacheinander in ein
Schraubglas schichten. Fertig ist dein Salat to go.

**Wer es noch herzhafter mag, kann etwas
gebratenen Speck auf die Eier geben.**

# Kichererbsen-Karotten-Salat mit Walnüssen

**Zutaten für 2 Portionen**

**Für den Salat**

**350 g Kichererbsen (Glas oder Dose)**

**3 Karotten**

**1 Schalotte**

**30 g Walnusskerne**

**Für das Dressing**

**2 Stängel Koriander (alternativ Petersilie)**

**2 TL Zitronensaft**

**1 ½ EL Olivenöl**

**1 Msp. Kreuzkümmelpulver**

**Salz | frisch gemahlener schwarzer Pfeffer**

**Zubereitung**

**1** Für den Salat die Kichererbsen in ein Sieb geben, mit kaltem Wasser abspülen und abtropfen lassen. Karotten schälen und in feine Scheiben oder Streifen schneiden. Die Schalotte schälen und fein würfeln. Die Walnüsse hacken.

**2** Für das Dressing den Koriander abbrausen, trocken tupfen, die Blättchen abzupfen und fein hacken. Zitronensaft, Olivenöl, Kreuzkümmel und gehackten Koriander in einer Salatschüssel verrühren. Mit Salz und Pfeffer würzen. Das vorbereitete Gemüse zufügen und alles gut vermengen. Den Salat mit Walnüssen bestreut servieren.

# Gemüse-Thunfisch-Salat

**Zutaten für 2 Portionen**
**Für den Salat:**

100 g Blattsalat (z. B. Romana-
   oder Feldsalat)
1 große gelbe Paprikaschote
4 Tomaten
1 kleine Gurke
1 kleine Zwiebel
200 g Thunfisch, im eigenen
   Saft (Dose)

**Für das Dressing:**

3 Stängel Petersilie (alternativ
   1 EL TK-Petersilie)
1 EL Olivenöl
1 EL Zitronensaft
Salz | frisch gemahlener
   schwarzer Pfeffer

**Zubereitung**

**1** Den Salat waschen und trocken schleudern, dann in
mundgerechte Stücke zupfen. Paprika und Tomaten
waschen, putzen und in Streifen bzw. Würfel schneiden. Gurke putzen und in Scheiben, Zwiebel schälen
und in Ringe schneiden.

**2** Den Thunfisch abgießen, auseinanderzupfen und mit
Salat und Gemüse in eine Schüssel geben.

**3** Für das Dressing die Petersilie abbrausen, trocken
tupfen, die Blättchen abzupfen und fein hacken. Öl,
Zitronensaft und Petersilie mischen und mit Salz
und Pfeffer würzen. Das Dressing mit dem Gemüse-
ThunfischSalat vermengen.

# Leichter Sommersalat mit Petersilien-Senf-Vinaigrette

**Zutaten für 2 Portionen**
**Für den Salat**
**100 g gemischte Blattsalate**
   **(z. B. Feldsalat, Radicchio**
   **und Endiviensalat)**
**4 Tomaten**
**½ Gurke**
**5 Radieschen**
**1 Handvoll Kresse**
**2 EL Kerne nach Belieben**
   **(z. B. Sonnenblumen- oder**
   **Kürbiskerne)**

**Für die Vinaigrette**
**1 kleine Schalotte**
**3 Stängel Petersilie oder Basi-**
   **likum**
**1 EL Weißweinessig**
**½ TL mittelscharfer Senf**
**Salz | frisch gemahlener**
   **schwarzer Pfeffer**
**2 EL mildes Olivenöl**

**Zubereitung**

**1** Den Salat waschen, trocken schleudern, verlesen und gegebenenfalls in mundgerechte Stücke zupfen. Tomaten, Gurke und Radieschen waschen und putzen. Tomaten je nach Größe vierteln oder achteln, Gurke in Würfel und Radieschen in Scheiben schneiden. Die Kresse abzupfen, abbrausen und trocken tupfen. Alle vorbereiteten Zutaten in eine Salatschüssel geben und vermengen.

**2** Für die Vinaigrette die Schalotte schälen und fein hacken. Die Kräuter abbrausen, trocken tupfen, die Blättchen abzupfen und fein hacken. Essig, Senf, Salz und Pfeffer mit einem Schneebesen verrühren. Das Öl gründlich darunterschlagen. Dann die Schalotte und die gehackten Kräuter unterrühren.

**3** Den Salat mit der Vinaigrette vermengen, auf zwei Teller verteilen und nach Belieben mit Kernen bestreut servieren.

# Bohnensalat mit gerösteten Tomaten

**Zutaten für 2 Portionen**

**400 g grüne Bohnen (z. B. Stangenbohnen)**

**150 g Kirschtomaten**

**1 Zwiebel**

**Salz**

**1 ½ EL Olivenöl**

**frisch gemahlener schwarzer Pfeffer**

**30 g Pinienkerne nach Belieben**

**Zubereitung**

**1** Die Bohnen putzen, die Kirschtomaten waschen und halbieren. Die Zwiebel schälen und fein würfeln.

**2** Die Bohnen in einem Topf mit leicht gesalzenem Wasser in ca. 15 Minuten bissfest garen. Anschließend in ein Sieb abgießen und abschrecken.

**3** Währenddessen etwas Öl in einer Pfanne erhitzen und die Zwiebelwürfel darin in ca. 5 Minuten goldbraun braten. Die Kirschtomaten zugeben und ein paar Minuten mitrösten. Mit Salz und Pfeffer würzen.

**4** Die Pinienkerne, falls verwendet, in einer Pfanne ohne Fett goldbraun rösten.

**5** Die Bohnen mit dem restlichen Öl zu der Tomaten-Zwiebel-Mischung in die Pfanne geben und alles gut vermengen. Den Salat auf zwei Teller verteilen und mit Pinienkernen bestreut servieren.

# Asiatischer Nudelsalat

vegan

**Zutaten für 2 Portionen**

**200 g Shirataki-Nudeln (Kon-**
   **jak-Nudeln, Asialaden)**
**Salz**
**1 Handvoll asiatische Pilze**
   **(z. B. Shimeji-Pilze bzw.**
   **Buchenpilze)**
**1 TL Kokosöl**
**¼ rote Chilischote**
**3 Stängel Koriander**
**Saft von 1 kleinen Limette**
**1 TL Sojasauce**
**1 EL Sesamöl**

**Zubereitung**

**1** Die Nudeln in einem Sieb kalt abspülen. Leicht gesalzenes Wasser in einem Topf aufkochen und die ShiratakiNudeln ca. 2 Minuten köcheln lassen. Die Nudeln abgießen und in eine Schüssel mit kaltem Wasser legen.

**2** Die Pilze trocken abreiben und putzen. Das Öl in einer Pfanne erhitzen und die Pilze darin bei mittlerer Hitze ca. 3 Minuten von allen Seiten braten, bis sie schön gebräunt sind. Mit Salz würzen, kurz abkühlen lassen, dann in eine Schüssel geben und mit den abgetropften Nudeln mischen.

**3** Die Chili putzen, von Samen befreien und in dünne Ringe schneiden. Den Koriander abbrausen, trocken schütteln, die Blättchen abzupfen und fein hacken.

**4** Limettensaft, Sojasauce und Sesamöl mischen, Chili und Koriander untermengen. Das Dressing über den Salat geben und alles gut vermischen. Den Nudelsalat auf zwei Teller verteilen und servieren.

# Brokkoli-Mandel-Salat

## Zutaten für 2 Portionen

**400 g Brokkoli (alternativ TK-Brokkoli)**

**Salz**

**250 g Kirschtomaten**

**40 g Mandelstifte**

**1 EL Nuss- oder Olivenöl**

**frisch gemahlener schwarzer Pfeffer**

## Zubereitung

**1** Den Brokkoli waschen, putzen, in einzelne Röschen teilen und ca. 10 Minuten in kochendem Salzwasser blanchieren.

**2** In der Zwischenzeit die Kirschtomaten waschen und halbieren. Die Mandelstifte in einer Pfanne ohne Fett goldbraun rösten.

**3** Den Brokkoli abgießen, gründlich abschrecken und mit den Tomaten in einer Schüssel vermengen.

**4** Das Öl mit Salz und Pfeffer verrühren und mit den gerösteten Mandeln in die Schüssel geben. Alles gut vermengen, den Salat auf zwei Teller verteilen und servieren.

# Bayerischer Wurstsalat

**Zutaten für 2 Portionen**

2 kleine rote Zwiebeln
1 Handvoll Radieschen
4 Gewürzgurken
400 g Lyoner (Fleischwurst)
1 Stängel Petersilie
2 Stängel Schnittlauch
1 EL Weißweinessig
1 TL mittelscharfer Senf
Salz | frisch gemahlener
   schwarzer Pfeffer
2 EL Rapsöl

**Zubereitung**

1 Zwiebeln schälen und würfeln. Radieschen putzen und wie die Gewürzgurken in dünne Scheiben schneiden. Die Lyoner in lange, dünne Streifen schneiden. Alle vorbereiteten Zutaten in einer Schüssel mischen.

2 Die Kräuter abbrausen und trocken schütteln. Petersilienblättchen abzupfen und fein hacken, Schnittlauch in Röllchen schneiden.

3 Essig, Senf, Salz und Pfeffer verrühren, das Öl darunterschlagen. Die Kräuter untermischen und das Dressing über den Salat geben. Alles gut vermengen und den Wurstsalat vor dem Servieren mindestens 30 Minuten im Kühlschrank ziehen lassen.

# Garnelen-Salat

**Zutaten für 2 Portionen**
**100 g gemischte Blattsalate**
**(z. B. Rucola und Lollorosso)**
**2 Frühlingszwiebeln**
**¼ rote Chilischote**
**½ kleine Gurke**
**125 g Kirschtomaten**
**2 Stängel Koriander**
**3 TL Erdnussöl**
**100 g küchenfertige Garnelen**
**Saft von ½ Zitrone**
**Salz | frisch gemahlener**
**schwarzer Pfeffer**

**Zubereitung**

**1** Den Salat waschen, trocken schleudern, verlesen und gegebenenfalls in mundgerechte Stücke zupfen. Frühlingszwiebeln und Chili putzen und in Ringe schneiden. Die Gurke waschen, putzen und würfeln. Die Kirschtomaten waschen und halbieren. Koriander abbrausen, trocken schütteln und die Blättchen abzupfen. Ein paar für die Deko beiseitelegen, den Rest hacken.

**2** 1 TL Öl in einer Pfanne erhitzen. Garnelen, Frühlingszwiebeln und Chili darin bei starker Hitze ca. 4 Minuten braten, bis die Garnelen gar sind.

**3** Salat, Gurke und Tomaten in einer Schüssel vermengen. Die gebratenen Garnelen zugeben.

**4** Für das Dressing das restliche Öl, Zitronensaft, Salz und Pfeffer verrühren. Den gehackten Koriander untermischen. Den Salat mit dem Dressing vermengen und mit den ganzen Korianderblättchen bestreut servieren.

# Rindersteak mit Pfefferkruste

**Zutaten für 2 Portionen**
**1 Knoblauchzehe**
**je 1 Zweig Rosmarin und**
   **Thymian**
**1 TL bunter Pfeffer**
**1 TL Olivenöl**
**2 Rindersteaks (à 180–200 g)**
**1 TL Kokosöl**

**Zubereitung**

**1** Den Knoblauch schälen und fein hacken. Rosmarin und Thymian abbrausen, trocken schütteln, die Blättchen abzupfen und ebenfalls fein hacken. Den Pfeffer in einem Mörser zerstoßen. Olivenöl, Pfeffer, Knoblauch und Kräuter in einer kleinen Schüssel vermengen.

**2** Die Steaks auf beiden Seiten mit der Kräuter-Pfeffer-Marinade einpinseln. Das Fleisch abgedeckt ca. 1 Stunde kühl stellen, anschließend vor dem Braten ca. 30 Minuten Zimmertemperatur annehmen lassen.

**3** Das Kokosöl in einer Pfanne oder Grillpfanne erhitzen. Sobald die Pfanne sehr heiß ist, das Fleisch unter einmaligem Wenden pro Seite 1–2 Minuten scharf anbraten, bis es außen schön gebräunt und innen noch rosa ist. Die Garzeit richtet sich nach der Dicke des Fleischstückes.

**4** Die Steaks aus der Pfanne nehmen, in Alufolie wickeln und ca. 5 Minuten ruhen lassen. Dann sofort servieren.

**5** Dazu passt ein grüner Salat mit knackigem Gemüse oder gebratene oder gegrillte Zucchini.

# Putengeschnetzeltes mit Pilzen

**Zutaten für 2 Portionen**
**400 g Putenbrust**
**400 g braune Champignons**
**1 große Zwiebel**
**2 Stängel Petersilie**
**3 Stängel Schnittlauch**
**2 TL Kokosöl**
**Salz | frisch gemahlener**
  **schwarzer Pfeffer**
**200 ml fettarme Soja-Koch-**
  **creme**

**Zubereitung**

**1** Das Putenfleisch mit Küchenpapier abtupfen und in Streifen schneiden.

**2** Die Champignons trocken abreiben, putzen und vierteln oder in Scheiben schneiden. Die Zwiebel schälen und würfeln. Petersilie und Schnittlauch abbrausen und trocken tupfen. Petersilienblättchen abzupfen, Schnittlauch in Röllchen schneiden.

**3** Das Öl in einer Pfanne erhitzen. Das Fleisch darin von allen Seiten scharf anbraten, bis es leicht gebräunt ist, und mit Salz und Pfeffer würzen. Zwiebel und Pilze zufügen und ein paar Minuten mitbraten.

**4** Die Puten-Pilz-Pfanne mit Soja-Kochcreme ablöschen und diese kurz einköcheln lassen. Das Geschnetzelte erneut mit Salz und Pfeffer abschmecken und sofort mit Petersilie und Schnittlauch bestreut servieren.

**5** Dazu passt ein grüner Salat.

**Statt Putenfleisch kannst du auch Hähn-
chen- oder Rindfleisch nehmen.**

# Hähnchen-Paprika-Pfanne

## Zutaten für 2 Portionen

250 g Hähnchenbrust

150 g grüne Bohnen (alternativ TK-Bohnen)

Salz

2 rote Paprikaschoten

1 gelbe Paprikaschote

2 Frühlingszwiebeln

2 TL Kokosöl

frisch gemahlener schwarzer Pfeffer

Paprikapulver (je nach Belieben edelsüß oder rosenscharf)

1 Dose stückige Tomaten (400 g)

## Zubereitung

**1** Die Hähnchenbrust abtupfen und in Streifen schneiden. Die Bohnen putzen, halbieren und in leicht gesalzenem Wasser in 10–15 Minuten gar kochen, abgießen und abschrecken.

**2** Paprika waschen, putzen und in Streifen schneiden. Frühlingszwiebeln putzen und in Ringe schneiden. Einen Teil der grünen Abschnitte für die Garnitur beiseitelegen.

**3** 1 TL Öl in einer Pfanne erhitzen und das Fleisch darin von allen Seiten in 3–4 Minuten goldbraun anbraten. Mit Salz, Pfeffer und Paprikapulver würzen. Aus der Pfanne nehmen und auf einem Teller beiseitestellen.

**4** Das restliche Öl in der Pfanne erhitzen. Paprikastreifen und Frühlingszwiebeln ein paar Minuten braten, die gehackten Tomaten und Bohnen untermischen und alles mit Salz, Pfeffer und Paprikapulver abschmecken. Die Hähnchenstreifen in die Paprika-Tomaten-Soße legen und noch einmal aufkochen lassen. Mit grünen Frühlingszwiebelringen bestreut servieren.

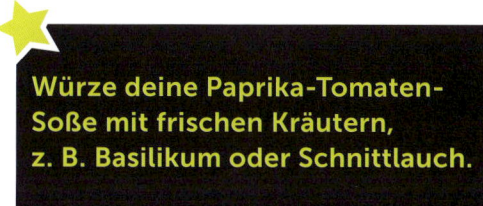

Würze deine Paprika-Tomaten-Soße mit frischen Kräutern, z. B. Basilikum oder Schnittlauch.

# Wokgemüse mit Rindfleischstreifen

**Zutaten für 2 Portionen**
**300 g Rinderfilet oder Rump-**
  **steak**
**1 Stück Ingwer (ca. 2 cm)**
**1 Knoblauchzehe**
**2 TL Kokosöl**
**Salz | frisch gemahlener**
  **schwarzer Pfeffer**
**500 g TK-Wokgemüse,**
  **aufgetaut**

**Zubereitung**

**1** Das Fleisch ca. 30 Minuten vor dem Braten Zimmertemperatur annehmen lassen, dann in Streifen schneiden. Ingwer und Knoblauch schälen und fein hacken.

**2** 1 TL Öl in einem Wok oder einer beschichteten Pfanne
erhitzen. Das Rindfleisch darin von allen Seiten in 1–2
Minuten scharf anbraten, bis es außen schön gebräunt
und innen noch rosa ist. Mit Salz und Pfeffer würzen.
Das Fleisch herausnehmen und beiseitestellen.

**3** Das restliche Öl in den Wok oder die Pfanne geben
und das Gemüse, Knoblauch und Ingwer darin scharf
anbraten. Mit Salz und Pfeffer würzen. Das Gemüse
mit einem Schuss Wasser ablöschen und in 2–3 Minuten garen.

**4** Das gebratene Fleisch zum Gemüse geben, alles gut
vermengen und heiß servieren.

**Du kannst das Rindfleisch auch durch
Kalbfleisch ersetzen.**

# Frikadellen mit Lauchgemüse

**Zutaten für 2 Portionen**
**500 g Lauch (alternativ TK-Lauch)**
**2 TL Kokosöl oder Ghee**
**Salz | frisch gemahlener schwarzer Pfeffer**
**1 Schalotte**
**350 g Rinderhackfleisch**
**1 Ei**
**1 TL mittelscharfer Senf**

**Zubereitung**

**1** Lauchstangen putzen und in etwa 10 cm lange Stücke schneiden.

**2** Etwas Öl oder Ghee in einer Pfanne erhitzen und den Lauch darin anbraten. Mit Salz und Pfeffer würzen und mit 150 ml Wasser ablöschen. Die Pfanne zudecken und das Gemüse in 10–15 Minuten bei mittlerer Hitze bissfest garen.

**3** In der Zwischenzeit die Schalotte schälen und fein würfeln. Das Hackfleisch mit Ei, Schalotte und Senf vermischen und mit Salz und Pfeffer würzen. Aus der Hackmasse ca. 6 cm große Frikadellen formen und leicht flach drücken.

**4** Das restliche Öl oder Ghee in einer Pfanne erhitzen und die Frikadellen portionsweise zunächst von einer Seite scharf anbraten, bis sie ordentlich Farbe bekommen haben. Die Temperatur reduzieren, die Frikadellen wenden und zugedeckt in weiteren 8–10 Minuten garen. Das Gemüse/den Salat zu den Frikadellen servieren.

**Würze die Frikadellen nach deinem Geschmack mit Chili, Ingwer, Knoblauch oder Kräutern.**

# Mediterrane Hackbällchen

**Zutaten für 2 Portionen**
**1 große Zwiebel**
**400 g Zucchini**
**je 1 rote und gelbe Paprika-**
**schote**
**250 g Rinderhackfleisch**
**Salz | frisch gemahlener**
**schwarzer Pfeffer**
**Paprikapulver (je nach Belie-**
**ben edelsüß oder rosen-**
**scharf)**
**1 TL Kokosöl oder Ghee**
**400 ml passierte Tomaten**
**1 TL getrocknete italienische**
**Kräuter**
**2 Stängel Petersilie nach**
**Belieben**

**Zubereitung**

**1** Die Zwiebel schälen und in feine Würfel schneiden. Zucchini und Paprika waschen, putzen und klein schneiden.

**2** Das Hackfleisch mit 2 TL Zwiebelwürfel vermengen und mit Salz, Pfeffer und Paprikapulver würzen. Aus der Hackmasse kleine Bällchen formen.

**3** Öl oder Ghee in einer Pfanne erhitzen. Die Hack-fleischbällchen darin von allen Seiten ein paar Minuten scharf anbraten, bis sie schön gebräunt sind. Restliche Zwiebelwürfel, Zucchini und Paprika zugeben und das Gemüse ein paar Minuten mitbraten. Alles mit Salz und Pfeffer würzen.

**4** Passierte Tomaten und italienische Kräuter zufügen, die Soße mit Salz und Pfeffer abschmecken, aufko-chen und für 3–5 Minuten bei mittlerer Hitze köcheln lassen.

**5** Die Petersilie, falls verwendet, abbrausen, trocken tup-fen und die Blättchen grob hacken. Die Hackbällchen damit garnieren und mit der Soße servieren.

# Paprikagulasch

## Zutaten für 2 Portionen

**500 g gemischtes Gulasch (Rind und Schwein)**

**2 kleine Zwiebeln**

**je 1 rote und gelbe Paprika-schote**

**2 TL Ghee**

**Salz | frisch gemahlener schwarzer Pfeffer**

**1 TL Paprikapulver (edelsüß)**

**1 TL Paprikapulver (rosen-scharf)**

**1 TL Rapsöl**

**2 EL Tomatenmark**

## Zubereitung

**1** Gulasch abtupfen und gegebenenfalls größere Fleisch-stücke halbieren.

**2** Zwiebeln schälen und klein würfeln. Paprika waschen, putzen und in mundgerechte Stücke schneiden.

**3** 1 TL Ghee in einer Pfanne erhitzen. Die Hälfte Fleisch und Zwiebelwürfel zugeben und 4–5 Minuten von allen Seiten scharf anbraten. Das Fleisch kräftig mit Salz, Pfeffer und je 1/2 TL edelsüßem und rosenscharfem Paprikapulver würzen und in einen großen Topf füllen. Den Bratensud mit etwas Wasser ablöschen und ebenfalls in den Topf geben. Mit dem übrigen Fleisch und den restlichen Zwiebelwürfeln genauso verfahren.

**4** Das Öl in der Pfanne erhitzen und die Paprika darin ein paar Minuten anschwitzen, dann beiseitestellen.

**5** Den Fleischtopf mit ca. 150 ml Wasser auffüllen und das Tomatenmark unterrühren. Das Gulasch bei mittlerer Hitze 1 ½–2 Stunden zugedeckt im Topf garen. Nach 1 Stunde die Paprika zufügen und alles mit Salz und Pfeffer abschmecken.

# Kohl-Hack-Topf

**Zutaten für 2 Portionen**

**400 g Wirsing (ca. ½ kleiner Kopf)**

**2 Karotten**

**1 kleine Zwiebel**

**2 TL Rapsöl oder Ghee**

**Salz | frisch gemahlener schwarzer Pfeffer**

**250 g Rinderhackfleisch**

**1/2 TL Kümmelpulver**

**250 ml Gemüsebrühe**

**2 Stängel Petersilie zum Garnieren**

**Zubereitung**

**1** Den Wirsing waschen, putzen, die äußeren harten Blätter entfernen und den Rest ohne grobe Mittelrippen in mundgerechte Stücke schneiden. Karotten schälen und in Scheiben schneiden. Die Zwiebel schälen und fein würfeln.

**2** Etwas Öl oder Ghee in einer Pfanne erhitzen, Kohl und Karottenscheiben portionsweise andünsten. Mit Salz und Pfeffer würzen und beiseitestellen.

**3** Das restliche Öl oder Ghee in derselben Pfanne erhitzen und die Zwiebel darin ein paar Minuten anschwitzen. Dann das Hackfleisch zugeben und krümelig braten.

**4** Eine Schicht Wirsing in einen Topf geben, einen Teil Karottenscheiben und Hackfleisch darauf verteilen und mit etwas Kümmel bestreuen. Die nächste Portion Kohl, Karotten und Hackfleisch daraufgeben, mit Kümmel bestreuen und so fortfahren, bis alle Zutaten in den Topf geschichtet sind.

**5** Die Gemüsebrühe zugeben und den Kohl-Hack-Topf bei mittlerer Hitze in 25–30 Minuten garen. Währenddessen die Petersilie abbrausen, trocken schütteln, die Blättchen abzupfen und fein hacken. Den fertig gegarten Kohl-Hack-Topf damit garnieren, auf zwei Teller verteilen und servieren.

**Statt Wirsing kannst du auch Weißkohl oder ein anderes Kohlgemüse verwenden.**

# Hähnchen-Wrap

**Zutaten für 2 Portionen**
**(4 Wraps)**
**Für den Wrapteig**
**4 Eier**
**4 Eiweiß**
**3 EL neutrales Eiweißpulver**
**Salz**
**2 TL Rapsöl zum Braten**

**Für die Füllung**
**150 g Putenbrust**
**1 Avocado**
**1 TL Zitronensaft**
**2 Tomaten**
**Salz | frisch gemahlener**
**schwarzer Pfeffer**
**2 TL mittelscharfer Senf**
**Blattsalat nach Belieben**

**Zubereitung**

**1** Für den Wrapteig Eier, Eiweiße, Eiweißpulver und etwas Salz mit einem Schneebesen oder Stabmixer verquirlen.

**2** Eine beschichtete Pfanne dünn mit Öl ausstreichen und ein Viertel Teig hineingießen. Den Wrap-Teig jeweils 3 Minuten pro Seite unter einmaligem Wenden backen. Mit dem übrigen Teig ebenso verfahren.

**3** Für die Füllung die Putenbrust abtupfen und in Streifen schneiden. Die Avocado halbieren, aus der Schale lösen, den Stein entfernen, das Fruchtfleisch würfeln und mit Zitronensaft beträufeln. Die Tomaten waschen, putzen und ebenfalls würfeln.

**4** Die Putenstreifen in einer Pfanne ohne Fett anbraten, mit Salz und Pfeffer würzen.

**5** Jeden Wrap mit etwas Senf bestreichen, mit Avocado, Tomate, Putenstreifen und Salat belegen und einrollen.

**Statt mit Avocado kannst du deine Wraps auch mit Sprossen, Radieschen und Gurken füllen.**

# Herzhafte Bohnenpfanne mit Rinderstreifen

**Zutaten für 2 Portionen**
**300 g Rinderfilet oder Rump-
   steak**
**400 g grüne Bohnen (z. B.
   Stangenbohnen)**
**1 große Zwiebel**
**1 Zweig Bohnenkraut nach
   Belieben**
**2 TL Kokosöl oder Ghee**
**Salz | frisch gemahlener
   schwarzer Pfeffer**

**Zubereitung**

**1** Das Rindfleisch abtupfen und in Streifen schneiden.
Die Bohnen putzen und halbieren. Die Zwiebel schälen und grob würfeln. Das Bohnenkraut, falls verwendet, abbrausen und trocken schütteln.

**2** 1 TL Öl oder Ghee in einer Pfanne erhitzen und das
Rindfleisch darin in 2–3 Minuten von allen Seiten
scharf anbraten. Das Fleisch aus der Pfanne nehmen
und auf einem Teller beiseitestellen.

**3** Restliches Öl oder Ghee in der Pfanne erhitzen und
die Zwiebel und Bohnen darin scharf anbraten. Mit
Salz und Pfeffer würzen. Das Bohnenkraut und ca.
100 ml Wasser zugeben und das Gemüse bei mittlerer
Temperatur in weiteren 10–15 Minuten garen. Das
Bohnenkraut entfernen.

**4** Kurz vor Garzeitende das Fleisch wieder zufügen, kurz
erhitzen und alles noch einmal mit Salz und Pfeffer
abschmecken.

# Grünes Thaicurry mit Hühnerfleisch

**Zutaten für 2 Portionen**
**300 g Hähnchenbrustfilet**
**1 grüne Paprikaschote**
**2 Frühlingszwiebeln**
**150 g Zuckerschoten**
**2 Baby-Pak-Choi (Asialaden)**
**1 Knoblauchzehe**
**¼ rote Chilischote (alternativ**
   **Chilipulver)**
**1 Stängel Zitronengras**
**2 TL Kokosöl**
**Salz | frisch gemahlener**
   **schwarzer Pfeffer**
**Saft von 1/2 Limette**
**1 Dose fettreduzierte Kokos-**
   **milch (400 ml)**
**1 EL grüne Currypaste**
**3 Stängel frisches Thai-**
   **Basilikum nach Belieben**

**Zubereitung**

**1** Das Hähnchenbrustfilet abtupfen und in Streifen schneiden. Paprika und Frühlingszwiebeln waschen, putzen und in Streifen bzw. feine Ringe schneiden, Zuckerschoten putzen. Pak Choi waschen, putzen und die Blätter in Streifen schneiden. Knoblauch schälen und durch die Presse drücken. Chili putzen und fein hacken. Das Zitronengras von den äußeren harten Blättern befreien und in sehr feine Ringe schneiden.

**2** 1 TL Öl in einem Wok oder einer großen Pfanne erhitzen und das Fleisch darin von allen Seiten scharf anbraten, bis es knapp durchgegart ist. Mit Salz und Pfeffer würzen und beiseitestellen.

**3** Das restliche Öl in den Wok oder die Pfanne geben und zunächst Paprika und Zuckerschoten ca. 4 Minuten anschwitzen, dann Frühlingszwiebeln, Knoblauch, Chili und Zitronengras untermischen. Mit Limettensaft und Kokosmilch ablöschen und alles ein paar Minuten köcheln lassen. Currypaste, Pak Choi und Hähnchenfleisch zufügen und alles gut vermengen.

**4** Das Thaicurry noch einmal kurz aufkochen und mit Salz und Pfeffer abschmecken. Thai-Basilikum, falls verwendet, abbrausen, trocken schütteln und die Blättchen abzupfen. Das Thaicurry damit garnieren und sofort servieren.

# Gegrillte Hähnchenbrust mit Pfannengemüse

**Zutaten für 2 Portionen**

1 kleine Zucchini

je 1 rote und gelbe
   Paprikaschote

1 kleine Karotte

1 Zwiebel

150 g Brokkoli

Salz

2 TL Kokosöl

frisch gemahlener schwarzer
   Pfeffer

1 TL getrocknete Kräuter der
   Provence

2 Hähnchenbrustfilets (à 150 g)

Paprikapulver (je nach
   Belieben edelsüß oder
   rosenscharf)

**Zubereitung**

**1** Zucchini und Paprika waschen, putzen und in Würfel schneiden. Karotte schälen und in Scheiben schneiden. Zwiebel ebenfalls schälen und würfeln. Brokkoli putzen, in Röschen teilen und ca. 5 Minuten in leicht gesalzenem Wasser kochen. Anschließend kalt abschrecken und in einem Sieb abtropfen lassen.

**2** 1 TL Öl in einer Pfanne erhitzen und Zucchini, Paprika, Karotte und Zwiebel darin in ca. 10 Minuten bissfest braten. Mit Salz, Pfeffer und Kräutern würzen.

**3** Währenddessen das restliche Kokosöl in einer Grillpfanne erhitzen. Alternativ kannst du die Hähnchenbrust auch auf dem Holzkohlegrill zubereiten. Hähnchenbrüste abtupfen und von jeder Seite 4–5 Minuten scharf anbraten. Das Fleisch mit Salz, Pfeffer und Paprikapulver würzen.

**4** Brokkoli in die Gemüsepfanne geben, alles miteinander verrühren und erneut abschmecken. Das Gemüse mit den Hähnchenbrustfilets auf zwei Teller verteilen und sofort servieren.

# Pfannengerührtes Rindfleisch mit Stangensellerie

**Zutaten für 2 Portionen**
**300 g Rindfleisch (z. B. Rump-steak)**
**500 g Stangensellerie**
**2 TL Kokosöl**
**grob gemahlener bunter Pfeffer**
**2 EL Sojasauce**

**Zubereitung**

**1** Rindfleisch mit Küchenpapier abtupfen und mit einem Messer in dünne Streifen schneiden.

**2** Die Selleriestangen waschen, putzen und schräg in gleichmäßig dicke Scheiben schneiden.

**3** 1 TL Kokosöl in einer Pfanne erhitzen und die Selleriescheiben 1–2 Minuten scharf anbraten, mit Pfeffer würzen und anschließend mit einem Schuss Sojasauce ablöschen. Die Hitze reduzieren und das Gemüse weitere 5–7 Minuten braten.

**4** Eine zweite Pfanne mit dem restlichen Kokosöl erhitzen und die Rindfleischstreifen darin 1–2 Minuten scharf anbraten. Mit Pfeffer würzen. Sellerie zum Rindfleisch in die Pfanne geben und alles miteinander verrühren. Nach Geschmack mit Sojasoße und Pfeffer abschmecken.

# Hähnchenschnitzel mit grünem Spargel

**Zutaten für 2 Portionen**
**500 g grüner Spargel**
**2 TL Rapsöl**
**Salz | frisch gemahlener**
   **schwarzer Pfeffer**
**2 Hähnchenbrustfilets (à 150 g)**

**Zubereitung**

**1** Den grünen Spargel putzen und von den unteren holzigen Enden befreien. Die Stangen nach Belieben schräg in ca. 5 cm lange Stücke schneiden oder ganz belassen.

**2** 1 TL Öl in einer Pfanne erhitzen und den Spargel bei mittlerer Hitze unter gelegentlichem Rühren ca. 8 Minuten anbraten. Mit Salz und Pfeffer würzen.

**3** In der Zwischenzeit die Hähnchenbrustfilets kurz unter kaltem Wasser abspülen und mit Küchenpapier trocken tupfen.

**4** Das restliche Öl in einer zweiten Pfanne erhitzen und das Fleisch in ca. 4 Minuten pro Seite goldbraun anbraten, bis es gerade durchgegart, aber innen noch schön saftig ist. Mit Salz und Pfeffer würzen.

**5** Die Hähnchenbrustfilets aus der Pfanne nehmen, nach Belieben in Streifen schneiden und zusammen mit dem Spargel auf zwei Tellern anrichten und servieren.

# Gemüsespaghetti mit Bolognese

**Zutaten für 2 Portionen**

**2 Zucchini**

**1 große Zwiebel**

**1 Knoblauchzehe**

**125 g Kirschtomaten**

**Salz**

**1 TL Olivenöl, Kokosöl oder Ghee**

**250 g Rinderhackfleisch**

**frisch gemahlener schwarzer Pfeffer**

**1 Dose gehackte Tomaten (400 g)**

**1 TL getrocknete italienische Kräuter**

**Zubereitung**

**1** Zucchini waschen, putzen und mit einem Sparschäler, Spiral- oder Julienneschneider in schmale Streifen schneiden.

**2** Zwiebel und Knoblauch schälen und fein würfeln bzw. durch die Knoblauchpresse drücken. Die Kirschtomaten waschen und vierteln.

**3** Einen Topf mit leicht gesalzenem Wasser aufsetzen und dieses aufkochen. Die Gemüsespaghetti in 1–2 Minuten bissfest garen. Abgießen und abtropfen lassen.

**4** Öl oder Ghee in einer Pfanne erhitzen, Hackfleisch und Zwiebel darin anbraten. Knoblauch zufügen und alles mit Salz und Pfeffer würzen.

**5** Kirschtomaten und gehackte Tomaten zugeben. Die Soße mit italienischen Kräutern, Salz und Pfeffer abschmecken und 10–15 Minuten bei mittlerer Hitze köcheln lassen.

**6** Gemüsespaghetti und Bolognesesoße auf zwei Tellern anrichten und servieren.

# Puten-Saltimbocca mit grünen Bohnen

**Zutaten für 2 Portionen**
4 kleine Putenschnitzel (à 50 g)
Salz | frisch gemahlener
  schwarzer Pfeffer
2 Scheiben Parmaschinken
8 Salbeiblätter
1 TL Kokosöl
250 g grüne Bohnen (alternativ TK-Bohnen)

**Zubereitung**

**1** Den Backofen auf 100 °C Ober-/Unterhitze vorheizen.

**2** Die Schnitzel kurz unter kaltem Wasser abspülen und abtupfen, dann mit einem Fleischklopfer flach klopfen und mit Salz und Pfeffer würzen.

**3** Die Schinkenscheiben halbieren und jeweils eine halbe Scheibe und zwei Salbeiblätter mit Zahnstochern auf den Schnitzeln fixieren.

**4** Das Öl in einer Pfanne erhitzen und die Schnitzel von beiden Seiten in 1–2 Minuten scharf anbraten. In eine Auflaufform legen, mit Alufolie oder einem Deckel bedecken und im Ofen ca. 10 Minuten ruhen lassen.

**5** In der Zwischenzeit die Bohnen in einem Topf mit kochendem Salzwasser garen. Anschließend abgießen und kurz abschrecken.

**6** Die Schnitzel mit den Bohnen auf zwei Tellern anrichten und sofort servieren.

# Thailändische Rindfleischpfanne

**Zutaten für 2 Portionen**

**250 g Rinderhüftsteak**

**2 EL Sojasauce**

**1 grüne Paprikaschote**

**1 große Frühlingszwiebel**

**100 g Zuckerschoten**

**80 g Bambussprossen (ca.
½ Glas)**

**1 TL Kokosöl**

**1 Dose ungesüßte Kokosmilch
(400 ml)**

**Salz | frisch gemahlener
schwarzer Pfeffer**

**1 Prise Chilipulver**

**2 EL Erdnüsse**

**2 Stängel Koriander nach
Belieben**

**Zubereitung**

**1** Rindfleisch abtupfen und in feine Streifen schneiden. In eine Schale geben und mit 1 ½ EL Sojasauce vermengen, dann abgedeckt im Kühlschrank ca. 20 Minuten ziehen lassen.

**2** In der Zwischenzeit Paprika und Frühlingszwiebel waschen, putzen und in Streifen bzw. feine Ringe schneiden. Zuckerschoten waschen und quer halbieren. Bambussprossen abtropfen lassen.

**3** Das Kokosöl in einer Pfanne erhitzen und die Paprika darin anbraten. Das Fleisch zufügen und 1–2 Minuten mitbraten. Zuckerschoten, Frühlingszwiebel und Bambussprossen zugeben. Alles kurz erhitzen, dann mit Kokosmilch ablöschen.

**4** Die Rindfleischpfanne mit der restlichen Sojasauce, Salz, Pfeffer und Chili würzen und alles noch einmal kurz aufkochen lassen.

**5** Die Erdnüsse grob hacken, den Koriander, falls verwendet, abbrausen, trocken schütteln und die Blättchen ebenfalls hacken.

**6** Fleisch und Gemüse auf zwei Tellern anrichten und mit Erdnüssen und Koriander bestreut servieren.

# Kotelett aus dem Ofen

**Zutaten für 2 Portionen**

**4 Karotten**
**2 rote Zwiebeln**
**1 Zucchini**
**250 g Champignons**
**2 EL Olivenöl**
**1 TL getrocknete Kräuter der Provence**
**Salz | frisch gemahlener schwarzer Pfeffer**
**1 TL Kokosöl**
**2 Koteletts (z. B. vom Schwein oder Lamm, à 200 g)**

**Zubereitung**

**1** Den Backofen auf 200 °C Ober-/Unterhitze vorheizen.

**2** Karotten und Zwiebeln schälen, Zucchini waschen und putzen. Alles grob klein schneiden. Die Pilze trocken abreiben, putzen, halbieren und mit dem Gemüse auf einem Backblech verteilen. Das Olivenöl mit den Kräutern mischen, mit Salz und Pfeffer würzen. Die Hälfte davon mit dem Gemüse vermengen. Das Gemüseblech ca. 15 Minuten im Ofen vorgaren.

**3** Das Kokosöl in einer Pfanne erhitzen und die Koteletts ca. 1 Minute von beiden Seiten scharf anbraten. Mit Salz und Pfeffer würzen.

**4** Die Koteletts zum Gemüse auf das Blech legen und mit dem restlichen Kräuteröl beträufeln. Fleisch und Gemüse in ca. 15 Minuten fertig garen.

# Hähnchenburger ohne Brot

**Zutaten für 2 Portionen**

**2 kleine Hähnchenbrustfilets (à 125 g)**
**1 große Tomate**
**1 gelbe Paprikaschote**
**1 kleine rote Zwiebel**
**4 große Salatblätter**
**1 Avocado**
**1 TL Zitronensaft**
**1 TL Kokosöl**
**Salz | frisch gemahlener schwarzer Pfeffer**

**Zubereitung**

**1** Die Hähnchenbrustfilets kurz unter kaltem Wasser abspülen und trocken tupfen.

**2** Tomate und Paprika waschen, putzen und in Scheiben schneiden. Zwiebel schälen und in Ringe schneiden. Salatblätter waschen und trocken tupfen. Die Avocado halbieren, schälen, vom Stein befreien, in Scheiben schneiden und mit Zitronensaft beträufeln.

**3** Das Kokosöl in einer Pfanne erhitzen und die Hähnchenbrustfilets in 3–4 Minuten pro Seite goldbraun braten. Alternativ ohne Fett auf dem Grill zubereiten.

**4** Für die Burger je ein Salatblatt auf zwei Tellern platzieren, mit Paprika, Tomate, Avocado und Zwiebelringe belegen. Filets daraufsetzen, mit Salz und Pfeffer würzen und mit den übrigen Salatblättern abschließen.

# Schweinelende mit Kräutern und Pilzen

## Zutaten für 2 Portionen

**400 g Schweinefilet**
**½ Bund Thymian oder Salbei**
**5 Stängel Petersilie**
**300 g gemischte Pilze (alternativ TK-Pilze, aufgetaut)**
**1 große Zwiebel**
**60 g magerer roher Schinken**
**2 TL Kokosöl**
**Salz | frisch gemahlener schwarzer Pfeffer**

## Zubereitung

**1** Das Fleisch kurz unter kaltem Wasser abspülen und abtupfen. Thymian oder Salbei und Petersilie abbrausen, trocken schütteln, die Blättchen abzupfen und hacken. Die Pilze trocken abreiben, putzen und je nach Größe halbieren oder vierteln. Die Zwiebel schälen und würfeln. Den Schinken ebenfalls in Würfel schneiden.

**2** Den Backofen auf 180 °C Ober-/Unterhitze vorheizen.

**3** 1 TL Öl in einem Bräter erhitzen und das Fleisch rundherum scharf anbraten, bis es von allen Seiten gebräunt ist. Mit Salz und Pfeffer würzen. Das Fleisch auf einem Teller beiseitestellen.

**4** Das restliche Öl in dem Bräter erhitzen, Zwiebel und Schinkenwürfel anbraten. Pilze zufügen und ca. 5 Minuten mitbraten. Mit Salz und Pfeffer würzen und Thymian oder Salbei untermischen. Das Fleisch auf die Pilzmischung setzen. Den Bräter mit geschlossenem Deckel für ca. 20 Minuten in den Ofen schieben, bis das Fleisch gar ist.

**5** Den Bräter aus dem Ofen nehmen, die Petersilie mit der Pilzmischung vermengen. Das Fleisch in Scheiben schneiden und mit Pilzen und Kräutern auf zwei Tellern anrichten.

# Kalbsinvoltini mit Paprikagemüse

**Zutaten für 2 Portionen**

4 Kalbsschnitzel (à 80 g)

1 Zweig Salbei, Thymian oder
  Rosmarin

Salz | frisch gemahlener
  schwarzer Pfeffer

4 Scheiben Serranoschinken

2 TL Rapsöl

100 ml Fleischbrühe

je 1 rote und gelbe Paprikaschote

125 g Kirschtomaten

1 Zwiebel

**Zubereitung**

1 Die Kalbsschnitzel abtupfen. Die Kräuter abbrausen, trocken schütteln, die Blättchen bzw. Nadeln abzupfen und fein hacken.

2 Die Kalbsschnitzel mit etwas Salz und Pfeffer würzen, mit je einer Scheibe Schinken und gehackten Kräutern belegen und einrollen. Mit Holzstäbchen oder Rouladennadeln fixieren.

3 1 TL Öl in einem großen Topf erhitzen und das Fleisch rundherum in ca. 5 Minuten goldbraun anbraten. Mit Fleischbrühe ablöschen und zugedeckt ca. 10 Minuten schmoren.

4 Die Paprika waschen, putzen und in Streifen oder Würfel schneiden. Kirschtomaten waschen und halbieren. Die Zwiebel schälen und in Würfel schneiden.

5 Das restliche Öl in einer Pfanne erhitzen und das Gemüse darin bei mittlerer Hitze ca. 8 Minuten anschwitzen. Kalbsfleisch und Gemüse auf zwei Tellern anrichten und servieren.

# Ofenlachs mit Tomatengemüse

## Zutaten für 2 Portionen

**1 EL Olivenöl**

**400 g Lachsfilet ohne Haut**

**125 g bunte Tomaten**

**1 Zucchini**

**1 rote Paprikaschote**

**1 rote Zwiebel**

**2 Knoblauchzehen**

**1 Zitrone**

**Salz | frisch gemahlener schwarzer Pfeffer**

**1 TL getrocknete italienische Kräuter**

**2 Stängel Petersilie**

## Zubereitung

**1** Den Backofen auf 180 °C Ober-/Unterhitze vorheizen.

**2** Eine Auflaufform mit wenig Öl ausstreichen. Den Lachs trocken tupfen und in die Form legen.

**3** Tomaten waschen und zum Lachs in die Form geben. Zucchini und Paprika waschen, putzen und klein schneiden. Zwiebel und Knoblauch schälen und in grobe Stücke schneiden. Alles zum Lachs in die Form geben. Das restliche Öl über das Gemüse träufeln und alles mit Salz, Pfeffer und getrockneten Kräutern würzen.

**4** Die Form auf die mittlere Schiene des Ofens stellen und den Fisch in ca. 15 Minuten garen.

**5** Währenddessen die Petersilie abbrausen, trocken schütteln und die Blättchen abzupfen. Den Lachs mit dem Gemüse auf Teller verteilen und mit Petersilie garniert servieren.

# Thunfischsteak auf Artischockenpüree

**Zutaten für 2 Portionen**

2 frische Thunfischsteaks
(à 150 g)

400 g Artischockenherzen
(Dose)

4 EL gemahlene Mandeln

2 EL frisch geriebener
Meerrettich

Salz | frisch gemahlener
schwarzer Pfeffer

1 Zweig Rosmarin

1 TL Kokosöl

1 TL Olivenöl

**Zubereitung**

1 Den Thunfisch vor dem Braten ca. 30 Minuten Zimmertemperatur annehmen lassen.

2 Die Artischocken mit einem Stabmixer pürieren.
Die gemahlenen Mandeln nach und nach zufügen
und untermixen. Das Püree mit Meerrettich, Salz und
Pfeffer würzen.

3 Den Fisch unter kaltem Wasser abspülen und gründlich trocken tupfen. Den Rosmarin abbrausen und trocken schütteln. Das Öl in einer beschichteten Pfanne
erhitzen und die Thunfischsteaks mit dem Rosmarin
darin von allen Seiten (auch die Ränder) in wenigen
Minuten scharf anbraten, sodass sie außen leicht gebräunt und innen noch beinahe roh sind. Mit Salz und
Pfeffer würzen.

4 Fisch und Artischockenpüree auf zwei Teller verteilen
und mit etwas Olivenöl beträufelt servieren.

# Knusperfisch mit Kohlrabi-Karotten-Gemüse

## Zutaten für 2 Portionen

2 große Karotten

1 Kohlrabi

2 Stängel Petersilie

2 EL Kokosöl

Salz | frisch gemahlener
   schwarzer Pfeffer

2 Seelachsfilets (à 180 g)

1 Ei

2 EL Kokosmehl (alternativ
   gemahlene Nüsse)

2 EL Kokosflocken

## Zubereitung

**1** Karotten und Kohlrabi schälen, putzen und in Stifte schneiden. Petersilie abbrausen, trocken tupfen, die Blättchen abzupfen und fein hacken.

**2** In einem Topf 1 TL Öl erhitzen und das Gemüse darin anschwitzen, pfeffern und salzen und mit 150 ml Wasser ablöschen. Das Gemüse in ca. 10 Minuten bissfest dünsten. Dann die Petersilie untermischen.

**3** Die Fischfilets unter kaltem Wasser abspülen und trocken tupfen. Das Ei verquirlen. Die Filets zunächst im Kokosmehl wenden, anschließend durch das Ei ziehen und zum Schluss in den Kokosflocken wälzen.

**4** Das restliche Öl in einer Pfanne erhitzen und die Seelachsfilets von beiden Seiten in ca. 5 Minuten goldbraun und knusprig braten, dann mit Salz und Pfeffer würzen. Den Knusperfisch mit dem Kohlrabi-Karotten-Gemüse servieren.

# Garnelen-Knoblauch-Pfanne

**Zutaten für 2 Portionen**
2 Knoblauchzehen
3 Stängel Petersilie
1 EL Olivenöl
400 g küchenfertige Garnelen
Salz | frisch gemahlener
   schwarzer Pfeffer
Saft von ½ Zitrone

**Zubereitung**
1 Den Knoblauch schälen und fein hacken oder in dünne Scheiben schneiden. Die Petersilie abbrausen, trocken tupfen, die Blättchen abzupfen und fein hacken.
2 Das Öl in einer Pfanne erhitzen und die Garnelen pro Seite 1–2 Minuten anbraten. Den Knoblauch zufügen und 3 Minuten mitbraten. Die Garnelen mit Salz und Pfeffer würzen und mit Zitronensaft beträufeln. Gehackte Petersilie unterrühren und alles auf zwei Tellern anrichten.
3 Die Garnelenpfanne nach Belieben mit grünem Blattsalat servieren.

# Thunfischpizza

**Zutaten für 2 Portionen**
**Für den Boden**
**300 g Thunfisch, im eigenen Saft (Dose)**
**2 Eier**
**Salz | frisch gemahlener schwarzer Pfeffer**
**1 Msp. Paprikapulver**

**Für die Soße**
**1 Knoblauchzehe**
**½ Dose gehackte Tomaten (200 g)**
**1 TL getrocknete Kräuter nach Belieben (z. B. Basilikum, Oregano oder Thymian)**
**Salz | frisch gemahlener schwarzer Pfeffer**

**Für den Belag**
**1 rote Paprikaschote**
**1–2 Handvoll Champignons**

**Zubereitung**

**1** Den Backofen auf 180 °C Ober-/Unterhitze vorheizen.

**2** Für den Boden den Thunfisch abtropfen lassen, auseinanderzupfen und mit den Eiern vermischen. Mit Salz, Pfeffer und Paprikapulver würzen.

**3** Ein Backblech mit Backpapier auslegen. Die Thunfisch-Ei-Masse auf dem Blech zu einem Kreis formen und flach drücken. Den Pizzaboden ca. 20 Minuten im Ofen backen.

**4** In der Zwischenzeit für die Soße den Knoblauch schälen und pressen. Mit den gehackten Tomaten mischen und alles mit Kräutern, Salz und Pfeffer würzen.

**5** Für den Belag die Paprika waschen, putzen und in Streifen schneiden. Die Champignons trocken abreiben, putzen und in Scheiben schneiden.

**6** Den Pizzaboden aus dem Ofen nehmen, kurz abkühlen lassen und mit der Pizzasoße bestreichen. Champignons und Paprika darauf verteilen und die Pizza in weiteren 8–10 Minuten im Ofen fertig backen.

 MEIN TIPP

Du kannst die Pizza auch mit Spinat und Sonnenblumenkernen belegen.

# Gebratener Zander mit Mandeln und Basilikumtomaten

**Zutaten für 2 Portionen**
**2 Zanderfilets (à 180 g)**
**500 g Kirschtomaten**
**1 Zwiebel**
**½ Bund Basilikum**
**2 TL Rapsöl**
**Salz | frisch gemahlener**
   **schwarzer Pfeffer**
**2 EL Mandelblättchen**
**1–2 EL Mandelmehl**
**½ Zitrone**

**Zubereitung**

**1** Die Fischfilets ca. 30 Minuten vor dem Braten Zimmertemperatur annehmen lassen.

**2** Tomaten waschen und halbieren. Die Zwiebel schälen und fein würfeln. Das Basilikum abbrausen, trocken schütteln, die Blättchen abzupfen und fein hacken.

**3** 1 TL Öl in einem Topf erhitzen und die Zwiebel darin anschwitzen. Tomaten zufügen und ein paar Minuten mitdünsten. Mit Salz und Pfeffer würzen. Den Topf vom Herd ziehen und das Basilikum untermischen.

**4** Mandelblättchen in einer Pfanne ohne Fett leicht anrösten, herausnehmen und beiseitestellen. Die Pfanne auswischen.

**5** Den Fisch unter kaltem Wasser abspülen, gründlich trocken tupfen und im Mandelmehl wälzen. Das restliche Öl in der Pfanne erhitzen und den Fisch von beiden Seiten 6–8 Minuten braten, bis er gerade durchgegart ist.

**6** Den Fisch mit Salz und Pfeffer würzen und mit den Basilikumtomaten anrichten. Geröstete Mandeln darüberstreuen und Zitronenscheiben daraufgeben.

# Kabeljau mit Schmorgurken

**Zutaten für 2 Portionen**

2 Kabeljaufilets (à 180 g, alternativ Seelachs)

2 Schmorgurken

2 große Tomaten

2 Frühlingszwiebeln

2 Stängel Dill

2 TL Rapsöl

Salz | frisch gemahlener schwarzer Pfeffer

100 ml Gemüsebrühe

**Zubereitung**

**1** Die Fischfilets ca. 30 Minuten vor dem Braten Zimmertemperatur annehmen lassen.

**2** Die Schmorgurken schälen, halbieren, vom Kerngehäuse befreien und in mundgerechte Stücke schneiden. Tomaten und Frühlingszwiebeln putzen und in Würfel bzw. feine Ringe schneiden. Den Dill abbrausen, trocken schütteln und fein hacken.

**3** 1 TL Rapsöl in einem Topf erhitzen. Frühlingszwiebeln und Gurken anschwitzen und mit Salz und Pfeffer würzen. Tomaten zufügen und alles mit Gemüsebrühe ablöschen. Die Schmorgurken mit geschlossenem Deckel 15–20 Minuten köcheln lassen. Kurz vor Garzeitende den Dill untermischen.

**4** In der Zwischenzeit den Fisch unter kaltem Wasser abspülen und gründlich trocken tupfen. In einer Pfanne das restliche Öl erhitzen und den Fisch darin 6–8 Minuten bei geringer bis mittlerer Hitze braten, bis er gerade durchgegart ist. Mit Salz und Pfeffer würzen.

**5** Fisch und Schmorgurken auf zwei Tellern anrichten und sofort servieren.

# Seelachs mit Bärlauchpesto und Gurkensalat

**Zutaten für 2 Portionen**
**Für den Fisch**
**2 Seelachsfilets (à 180 g)**
**1 TL Kokosöl**
**Salz | frisch gemahlener**
   **schwarzer Pfeffer**

**Für das Pesto**
**40 g Bärlauch**
**30 g Pinienkerne (alternativ**
   **Cashewkerne)**
**2 EL Olivenöl, ggf. etwas mehr**
**Salz | frisch gemahlener**
   **schwarzer Pfeffer**

**Für den Gurkensalat**
**1 kleine Gurke**
**3 Stängel Dill**
**1–2 EL Weißweinessig**
**Salz | frisch gemahlener**
   **schwarzer Pfeffer**

**Zubereitung**

**1** Die Seelachsfilets ca. 30 Minuten vor dem Braten Zimmertemperatur annehmen lassen.

**2** Für das Pesto den Bärlauch abbrausen, trocken schütteln, grob zerkleinern und in ein hohes Gefäß geben. Pinienkerne, Olivenöl, etwas Salz und Pfeffer zufügen und alles mit einem Stabmixer zu einem cremigen Pesto pürieren. Nach Bedarf noch etwas Öl untermischen.

**3** Für den Gurkensalat die Gurke schälen und in dünne Scheiben schneiden. Den Dill abbrausen, trocken tupfen und fein hacken. Die Gurke in einer Schüssel mit 1 EL Essig, Dill, Salz und Pfeffer vermengen und einige Minuten ziehen lassen. Nach Belieben mit Essig abschmecken.

**4** Die Fischfilets unter kaltem Wasser abspülen und gründlich trocken tupfen. Das Öl in einer Pfanne erhitzen und den Fisch darin von beiden Seiten 5–6 Minuten braten, bis er gerade durchgegart ist. Mit Salz und Pfeffer würzen.

**5** Den Seelachs mit Gurkensalat und Bärlauchpesto auf zwei Tellern anrichten und sofort servieren.

# Thunfisch-Bohnen-Pfanne

## Zutaten für 2 Portionen

300 g weiße Dicke Bohnen (Glas)

150 g Thunfisch, im eigenen Saft (Dose)

2 Frühlingszwiebeln

200 g Kirschtomaten

2 Stängel Petersilie

1 EL Olivenöl

frisch gemahlener schwarzer Pfeffer

Saft von ½ Zitrone

100 ml Gemüsebrühe

## Zubereitung

1 Bohnen und Thunfisch getrennt voneinander in einem Sieb abtropfen lassen.

2 Frühlingszwiebeln putzen und in Ringe schneiden, Tomaten waschen und halbieren. Die Petersilie abbrausen, trocken tupfen, die Blättchen abzupfen und fein hacken.

3 Das Öl in einer Pfanne erhitzen und die Frühlingszwiebeln darin kurz anschwitzen. Tomaten und Bohnen zufügen und bei geringer Hitze ein paar Minuten mitbraten. Mit Pfeffer und Zitronensaft würzen.

4 Den Thunfisch mit einer Gabel auseinanderzupfen und in die Pfanne geben. Alles mit Gemüsebrühe ablöschen und einmal kurz aufkochen lassen. Die Thunfisch-Bohnen-Pfanne auf zwei Teller verteilen und sofort servieren.

# Fischfrikadellen mit Selleriepüree

**Zutaten für 2 Portionen**

1 Knollensellerie

Salz | frisch gemahlener
  schwarzer Pfeffer

300 g Fischfilet (z. B. Kabeljau)

2 Frühlingszwiebeln

1 Knoblauchzehe

¼ Bund Petersilie

1 Ei

2 EL Semmelbrösel

1 EL Zitronensaft

1 EL Rapsöl

4 Stängel Schnittlauch

**Zubereitung**

**1** Knollensellerie schälen, in Würfel schneiden und in leicht gesalzenem Wasser in ca. 20 Minuten weich kochen. Den Sellerie in ein Sieb abgießen, zurück in den Topf geben und mit einem Stabmixer fein pürieren. Mit Salz und Pfeffer abschmecken.

**2** Das Fischfilet mit einem Messer sehr fein hacken. Frühlingszwiebeln waschen, putzen und in dünne Ringe schneiden. Knoblauch schälen und fein hacken. Petersilie abbrausen, trocken schütteln, die Blättchen abzupfen und ebenfalls fein hacken. Frühlingszwiebeln, Knoblauch, Petersilie, Ei und Semmelbrösel unter den Fisch kneten. Die Masse mit Salz, Pfeffer und Zitronensaft würzen und zu kleinen Frikadellen formen.

**3** Das Öl in einer Pfanne erhitzen und die Frikadellen darin von jeder Seite ca. 5 Minuten braten. Schnittlauch abbrausen, trocken tupfen und in Röllchen schneiden.

**4** Fischfrikadellen und Selleriepüree auf zwei Tellern anrichten und mit Schnittlauch bestreut servieren.

Dazu Zitronenschnitze zum Beträufeln reichen.

# Gebackene Zitrusmakrele

**Zutaten für 2 Portionen**

**2 küchenfertige ganze Makre-
len (à 250 g)**

**4 Zweige Zitronenthymian**

**1 große Knoblauchzehe**

**¼ rote Chilischote**

**2 EL Limettensaft**

**2 EL Olivenöl**

**Salz | frisch gemahlener
schwarzer Pfeffer**

**Zubereitung**

**1** Die Makrelen unter kaltem Wasser abspülen und
gründlich trocken tupfen. Den Zitronenthymian abbrausen, trocken schütteln und in die Bauchhöhlen
legen.

**2** Den Knoblauch schälen und pressen. Die Chili putzen
und ohne Samen fein hacken. Beides mit Limettensaft
und Öl zu einer Marinade verrühren und diese mit
Salz und Pfeffer abschmecken. Die Makrelen in eine
Auflaufform legen, mit der Marinade einpinseln und
für ca. 30 Minuten abgedeckt im Kühlschrank durch-
ziehen lassen.

**3** Den Backofen auf 180 °C Ober-/Unterhitze vorheizen.

**4** Die Form mit Alufolie abdecken und die Makrelen in
ca. 40 Minuten im Ofen garen.

**5** Die Folie entfernen und die Makrelen noch weitere
5 Minuten backen.

# Ratatouille-Gratin

**Zutaten für 2 Portionen**

2 kleine Zucchini (ca. 500 g)

1 kleine Aubergine

4 reife Strauchtomaten

2 Schalotten

1 Knoblauchzehe

1 EL Olivenöl

400 g passierte Tomaten (z. B. mit Kräutern; Dose)

1 TL getrocknete Kräuter der Provence

Paprikapulver (edelsüß)

Salz | frisch gemahlener schwarzer Pfeffer

**Zubereitung**

**1** Den Backofen auf 180 °C Ober-/Unterhitze vorheizen.

**2** Zucchini, Aubergine und Tomaten waschen, putzen und in ca. 1 cm dicke Scheiben schneiden. Diese abwechselnd in eine Auflaufform schichten.

**3** Schalotten und Knoblauch schälen und fein würfeln bzw. hacken.

**4** Das Öl in einer Pfanne erhitzen und Schalotten und Knoblauch darin ein paar Minuten anschwitzen. Passierte Tomaten zufügen und bei mittlerer Hitze ca. 5 Minuten köcheln lassen. Die Soße mit den Kräutern, etwas Paprikapulver, Salz und Pfeffer kräftig würzen.

**5** Die Tomatensoße über das Gemüse geben und die Form in den Ofen schieben. Das Ratatouille-Gratin ca. 15 Minuten backen, bis das Gemüse gar ist.

**Du kannst das Gratin mit frischen Kräutern, z. B. Thymian oder Basilikum, servieren.**

# Veggie-Gulasch

**Zutaten für 2 Portionen**

1 große Zwiebel
1 Knoblauchzehe
1 rote Paprikaschote
1 Zucchini
1 Karotte
1 TL Rapsöl
Paprikapulver (je nach Belieben edelsüß oder rosen-
   scharf)
frisch gemahlener schwarzer
   Pfeffer
250 g Seitan
200 ml Gemüsebrühe
2 EL gemischte TK-Kräuter

**Zubereitung**

**1** Zwiebel und Knoblauch schälen und fein würfeln bzw. hacken. Paprika und Zucchini waschen, putzen und in Würfel schneiden. Karotte schälen und ebenfalls würfeln.

**2** Das Öl in einem Topf erhitzen. Zwiebel und Knoblauch darin glasig schwitzen. Paprika, Zucchini und Karotte zufügen und ein paar Minuten mitbraten. Das Gemüse mit Paprikapulver und Pfeffer würzen, mit Gemüsebrühe ablöschen und zugedeckt in 8–10 Minuten garen.

**3** Den Seitan in 2 cm große Stücke schneiden, zum Gemüse geben und erhitzen. Das Veggie-Gulasch erneut abschmecken und die Kräuter unterrühren. Auf zwei Teller verteilen und sofort servieren.

# Zucchini-Tofu-Türmchen aus dem Ofen

## Zutaten für 2 Portionen

**3 Zucchini (ca. 700 g)**
**Salz | frisch gemahlener**
   **schwarzer Pfeffer**
**½ Bund Basilikum**
**150 g Seidentofu**
**60 g Sonnenblumenkerne**
**4 Tomaten**
**1 rote Paprikaschote**
**2 EL Olivenöl**
**1 TL getrockneter Oregano**
   **und Thymian**

## Zubereitung

**1** Den Backofen auf 200 °C Ober-/Unterhitze vorheizen.

**2** Zucchini waschen, putzen und in ca. 4 cm breite Stücke schneiden. Mit einem Löffel oder einem spitzen Messer das Fruchtfleisch aus der Schale herauslösen. Die ausgehöhlten Zucchiniringe mit Salz und Pfeffer würzen und in eine Auflaufform setzen.

**3** Das Basilikum abbrausen, trocken schütteln und die Blättchen abzupfen. Das Zucchinifruchtfleisch grob klein schneiden und mit Tofu, Sonnenblumenkernen und Basilikumblättchen fein pürieren. Mit Salz und Pfeffer würzen. Die ZucchiniTofu-Creme in die Zucchiniringe füllen.

**4** Tomaten und Paprika waschen, putzen und in kleine Würfel schneiden. Das Gemüse mit Öl, Salz, Pfeffer und Kräutern vermengen und in die Auflaufform geben.

**5** Die Form in den Ofen schieben und die Zucchini-Tofu-Türmchen in ca. 25 Minuten garen.

# Kohlrabischnitzel mit Mandelkruste und Minzedip

**Zutaten für 2 Portionen**

**2 kleine Kohlrabi**

**Salz**

**3 EL Mandelmehl**

**frisch gemahlener schwarzer Pfeffer**

**5 EL gehackte Mandeln**

**3 TL Kokosöl**

**4 Minzeblättchen**

**250 g ungesüßter Sojajoghurt**

**1 TL Olivenöl**

**Zubereitung**

**1** Kohlrabi schälen und in ca. 1 cm dicke Scheiben schneiden. Die Kohlrabischeiben in leicht gesalzenem Wasser ca. 5 Minuten kochen.

**2** In der Zwischenzeit das Mandelmehl mit ca. 80 ml Wasser zu einem dickflüssigen Teig verrühren, mit Salz und Pfeffer würzen. Gehackte Mandeln in einen tiefen Teller geben.

**3** Die Kohlrabischeiben zuerst im Mandelteig wenden, anschließend in den gehackten Mandeln wälzen.

**4** Etwas Öl in einer Pfanne erhitzen und die Scheiben portionsweise von beiden Seiten in ca. 5 Minuten goldbraun braten.

**5** Die Minzeblättchen waschen, trocken tupfen und fein hacken. Sojajoghurt mit der gehackten Minze, Oliven-öl, Salz und Pfeffer vermengen und als Dip zu den Kohlrabischnitzeln servieren.

**6** Dazu passt ein bunter Blattsalat.

# Gefüllte Tomaten-Avocado-Champignons

**Zutaten für 2 Portionen**

8 große Champignons
ca. 3 EL Hummus (Rezept
  Seite 53)
2 TL Olivenöl
3 Tomaten
1 Zwiebel
½ rote Chilischote
4 Stängel Schnittlauch
1 Avocado
1 EL Zitronen- oder Limettensaft
Salz | frisch gemahlener
  schwarzer Pfeffer

**Zubereitung**

1 Den Backofen auf 200 °C Ober-/Unterhitze vorheizen.

2 Die Champignons trocken abreiben und putzen, dabei die Stiele entfernen. Die Köpfe mit dem Hummus füllen. Eine Auflaufform mit etwas Öl einfetten und die gefüllten Champignons hineinsetzen. Die Form in den Ofen schieben und die Pilze 15–20 Minuten backen.

3 Währenddessen die Tomaten waschen, putzen und würfeln. Die Zwiebel schälen und in feine Würfel schneiden. Die Chili putzen und fein hacken. Schnittlauch abbrausen, trocken schütteln und in Röllchen schneiden. Die Avocado halbieren, vom Stein befreien, das Fruchtfleisch aus der Schale lösen und würfeln. Alle vorbereiteten Zutaten in einer Schüssel vermengen. Das restliche Öl mit Zitronen- oder Limettensaft verrühren und vorsichtig untermischen. Mit Salz und Pfeffer würzen.

4 Die Champignons auf zwei Teller verteilen, die Tomaten-Avocado-Mischung darin anrichten und die gefüllten Pilze sofort servieren.

# Kichererbsen-Spinat-Curry

## Zutaten für 2 Portionen

400 g Kichererbsen (Dose)

500 g Babyspinat (alternativ TK-Spinat)

2 kleine Zwiebeln

1 Knoblauchzehe

1 EL Kokosöl

1–2 TL Currypulver

200 ml ungesüßte Kokosmilch

Salz | frisch gemahlener schwarzer Pfeffer

etwas Gemüsebrühe nach Bedarf

## Zubereitung

**1** Die Kichererbsen in ein Sieb geben, mit kaltem Wasser abspülen und abtropfen lassen.

**2** Den Spinat waschen, trocken schleudern, verlesen und in Streifen schneiden. Zwiebeln und Knoblauch schälen und fein würfeln.

**3** Das Kokosöl in einem Topf erhitzen. Zwiebeln und Knoblauch darin glasig schwitzen. 1 TL Currypulver zufügen und leicht anrösten. Kichererbsen in den Topf geben und mit Kokosmilch ablöschen.

**4** Den Spinat zugeben und in ca. 2 Minuten zusammenfallen lassen. Alles mit Salz, Pfeffer und Currypulver abschmecken und noch 3–4 Minuten köcheln lassen, nach Bedarf etwas Gemüsebrühe oder Wasser zufügen. Das Curry auf Teller verteilen und sofort servieren.

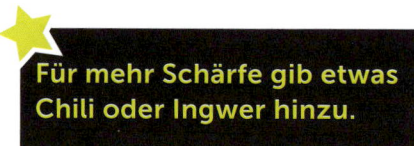

Für mehr Schärfe gib etwas Chili oder Ingwer hinzu.

# Tofu-Gemüsepfanne

**Zutaten für 2 Portionen**

2 Handvoll TK-Brokkoli

50 g TK-Erbsen

Salz

1 rote Zwiebel

1 kleine rote oder gelbe Paprikaschote

2 Karotten

1 Handvoll Champignons

300 g Naturtofu

2 TL Kokosöl

2 EL Sojasauce

3 Stängel Koriander

frisch gemahlener schwarzer
Pfeffer

**Zubereitung**

1 Brokkoli und Erbsen in leicht gesalzenem Wasser
ca. 5 Minuten blanchieren, anschließend abgießen und
abschrecken.

2 Die Zwiebel schälen und grob würfeln. Paprika wa-
schen, putzen und in Streifen oder Würfel schneiden.
Karotten schälen und in Scheiben schneiden. Die
Champignons trocken abreiben, putzen und vierteln.
Den Tofu in Würfel schneiden.

3 Das Kokosöl in einer Pfanne erhitzen, die Zwiebel
darin andünsten. Das vorbereitete Gemüse zugeben
und scharf anbraten. Den Tofu zufügen und ein paar
Minuten unter häufigem Rühren mitbraten. Alles mit
Sojasauce ablöschen und 8–10 Minuten bei geringer
Hitze köcheln lassen.

4 Den Koriander abbrausen, trockenschütteln, die Blättchen abzupfen und hacken. Die Tofu-Gemüsepfanne
mit Pfeffer würzen und mit gehacktem Koriander
bestreut servieren.

# Blumenkohlstampf mit grünen Bohnen und Mandelparmesan

## Zutaten für 2 Portionen

**1 Blumenkohl**
**Salz**
**300 g grüne Bohnen (alternativ TK-Bohnen)**
**frisch geriebene Muskatnuss**
**frisch gemahlener schwarzer Pfeffer**
**50 g gemahlene Mandeln**
**1 Msp. Ingwerpulver**

## Zubereitung

**1** Den Blumenkohl putzen und in einzelne Röschen teilen. Diese in leicht gesalzenem Wasser in ca. 10 Minuten gar kochen.

**2** Die Bohnen putzen und in einem zweiten Topf mit kochendem Wasser in 10–15 Minuten bissfest garen, anschließend abgießen und kurz abschrecken.

**3** Den Blumenkohl vom Herd nehmen, in ein Sieb abgießen, zurück in den Topf geben und mit einem Kartoffelstampfer grob zerdrücken. Mit Muskat, Salz und Pfeffer würzen. Die Bohnen unter den Blumenkohlstampf heben.

**4** In einer Pfanne die gemahlenen Mandeln bei geringer Hitze ohne Fett anrösten, bis sie leicht gebräunt sind. Mit etwas Salz und Ingwerpulver verrühren. Den Blumenkohlstampf mit den Bohnen auf zwei Tellern anrichten und mit Mandelparmesan bestreut servieren.

# Chili sin Carne

## Zutaten für 2 Portionen

200 g Kidneybohnen (Dose)
1 große rote Zwiebel
2 Karotten
200 g Naturtofu
2 TL Olivenöl
2 EL Tomatenmark
250 g passierte Tomaten
1 ½ TL Oregano
1 Msp. Kümmelpulver
1 ½ TL Chilipulver
Salz | frisch gemahlener
    schwarzer Pfeffer

## Zubereitung

**1** Kidneybohnen in einem Sieb abtropfen lassen und unter kaltem Wasser abspülen. Die Zwiebel schälen und fein würfeln. Die Karotten ebenfalls schälen und in Würfel schneiden. Den Tofu mit einer Gabel oder den Händen zerbröseln.

**2** Das Olivenöl in einer Pfanne erhitzen und den Tofu darin ca. 5 Minuten unter häufigem Rühren anbraten.

**3** Zwiebel und Karotten zugeben und 2 Minuten mitbraten. Das Tomatenmark unterrühren und kurz anrösten.

**4** Passierte Tomaten, Kidneybohnen, Oregano und Gewürze zugeben und alles aufkochen. Das Chili sin Carne bei mittlerer Temperatur ca. 10 Minuten köcheln lassen und mit Salz und Pfeffer abschmecken. In einer Schüssel anrichten und servieren.

**Es passen auch frische Tomaten, gelbe Paprika und Frühlingszwiebel in das Chili.**

# Mediterranes Ofengemüse mit Hummus

**Zutaten für 2 Portionen**

1 Zucchini

1 Fenchelknolle

2 große Karotten

200 g Champignons

1 große rote Zwiebel

1 Zweig Rosmarin

1 EL Olivenöl

Salz | frisch gemahlener
 schwarzer Pfeffer

Hummus zum Servieren (Re-
 zept Seite 53)

**Zubereitung**

**1** Den Backofen auf 200 °C Umluft vorheizen.

**2** Zucchini und Fenchel waschen, putzen und in mundgerechte Stücke schneiden. Karotten schälen und in
Scheiben schneiden. Champignons trocken abreiben,
putzen und je nach Größe halbieren oder vierteln. Die
Zwiebel schälen und in grobe Ringe schneiden. Alles
auf einem Backblech oder in einer ofenfesten Form
verteilen.

**3** Den Rosmarin abbrausen und trocken tupfen. Die Na-
deln abzupfen, hacken und über das Gemüse streuen.
Das Olivenöl darüberträufeln und alles mit Salz und
Pfeffer würzen.

**4** Das Blech oder die Form in den Ofen schieben und
das Gemüse in 25–30 Minuten garen.

**5** Das Ofengemüse auf zwei Tellern anrichten und mit
Hummus servieren.

**Als Ofengemüse eignen sich auch Aubergi-
nen, Tomaten, Oliven oder Lauch.**

# Zucchininudeln mit Basilikumpesto und Kirschtomaten

**Zutaten für 2 Portionen**

**Für die Nudeln**

2 Zucchini (ca. 500 g)

250 g Kirschtomaten

Salz

**Für das Pesto**

½ Bund Basilikum

40 g Pinienkerne

1 Knoblauchzehe

2 EL Olivenöl

Salz | frisch gemahlener
   schwarzer Pfeffer

**Zubereitung**

**1** Für das Pesto das Basilikum abbrausen, trocken schütteln und die Blättchen abzupfen. Die Pinienkerne in einer Pfanne ohne Fett goldbraun rösten. Knoblauch schälen und grob hacken. Basilikum, Pinienkerne, Knoblauch und Olivenöl mit dem Stabmixer fein pürieren. Das Pesto mit Salz und Pfeffer würzen.

**2** Für die Nudeln die Zucchini waschen, putzen und mit einem Spiralschneider oder Sparschäler zu Spaghetti schneiden. Die Kirschtomaten waschen und halbieren.

**3** In einem Topf leicht gesalzenes Wasser zum Kochen bringen. Die Zucchinispaghetti darin in 1–2 Minuten bissfest garen, anschließend abgießen und zurück in den Topf geben. 1–2 EL Pesto mit den Zucchininudeln im Topf vermengen.

**4** Die Nudeln auf zwei Teller verteilen und mit den Kirschtomaten garniert servieren.

**Die Tomaten vorher in einer Pfanne mit etwas Olivenöl anrösten.**

# Gefüllte Tomaten

**Zutaten für 2 Portionen**

**100 g rote Linsen**

**Salz**

**8 feste Tomaten**

**1 Stück Ingwer (ca. 2 cm)**

**1 TL Zitronensaft**

**je 1 Msp. Kurkuma-, Chili- und Kreuzkümmelpulver**

**frisch gemahlener schwarzer Pfeffer**

**Zubereitung**

**1** Die Linsen in ein Sieb geben und unter kaltem Wasser abspülen. 250 ml Wasser in einem Topf aufkochen und die Linsen darin in ca. 15 Minuten weich garen. Anschließend salzen und abgießen.

**2** Währenddessen die Tomaten waschen und oben einen Deckel abschneiden. Das Innere vorsichtig mit einem Löffel aushöhlen. Den Ingwer schälen und fein hacken.

**3** Den Backofen auf 180 °C Ober-/Unterhitze vorheizen.

**4** Die Linsen mit Ingwer und Zitronensaft in ein hohes Gefäß geben und mit dem Stabmixer fein pürieren. Sollte die Masse zu fest sein, etwas Wasser unterrühren. Die Linsen mit Kurkuma, Chili, Kreuzkümmel, Salz und Pfeffer würzen und mit einem Teelöffel in die ausgehöhlten Tomaten füllen.

**5** Die Tomaten in eine Auflaufform setzen und ca. 15 Minuten im Ofen garen.

# Sojageschnetzeltes im Salatblatt

## Zutaten für 2 Portionen

**100 g grobe Sojaschnetzel**
**2 Frühlingszwiebeln**
**1 EL Kokosöl**
**Paprikapulver**
**Salz | frisch gemahlener**
  **schwarzer Pfeffer**
**1 Avocado**
**1 TL Zitronensaft**
**125 g Kirschtomaten**
**1 Paprikaschote**
**3 Stängel Petersilie**
**1 Romanasalatherz**

## Zubereitung

**1** Die Sojaschnetzel mit 400 ml heißem Wasser oder heißer Gemüsebrühe übergießen und 5 Minuten ziehen lassen. Währenddessen die Frühlingszwiebeln waschen, putzen und in Ringe schneiden.

**2** Eine Pfanne mit dem Kokosöl erhitzen. Die Sojaschnetzel kurz abtropfen lassen und anschließend scharf anbraten. Mit Paprika, Salz und Pfeffer würzen. Frühlingszwiebeln zugeben und ein paar Minuten mitbraten.

**3** Die Avocado halbieren, den Kern entfernen, das Fruchtfleisch aus der Schale lösen und in Würfel schneiden. Mit dem Zitronensaft mischen. Tomaten waschen, putzen und halbieren. Paprika waschen, putzen und würfeln. Petersilie abbrausen, trocken tupfen, die Blättchen abzupfen und fein hacken.

**4** Gemüse und Sojaschnetzel in einer Schüssel vermischen, gehackte Petersilie unterheben und alles erneut abschmecken.

**5** Vier große Salatblätter abzupfen, waschen und in einem Sieb abtropfen lassen. Je zwei Blätter auf einem Teller verteilen, Sojaschnetzel und Gemüse darauf anrichten.

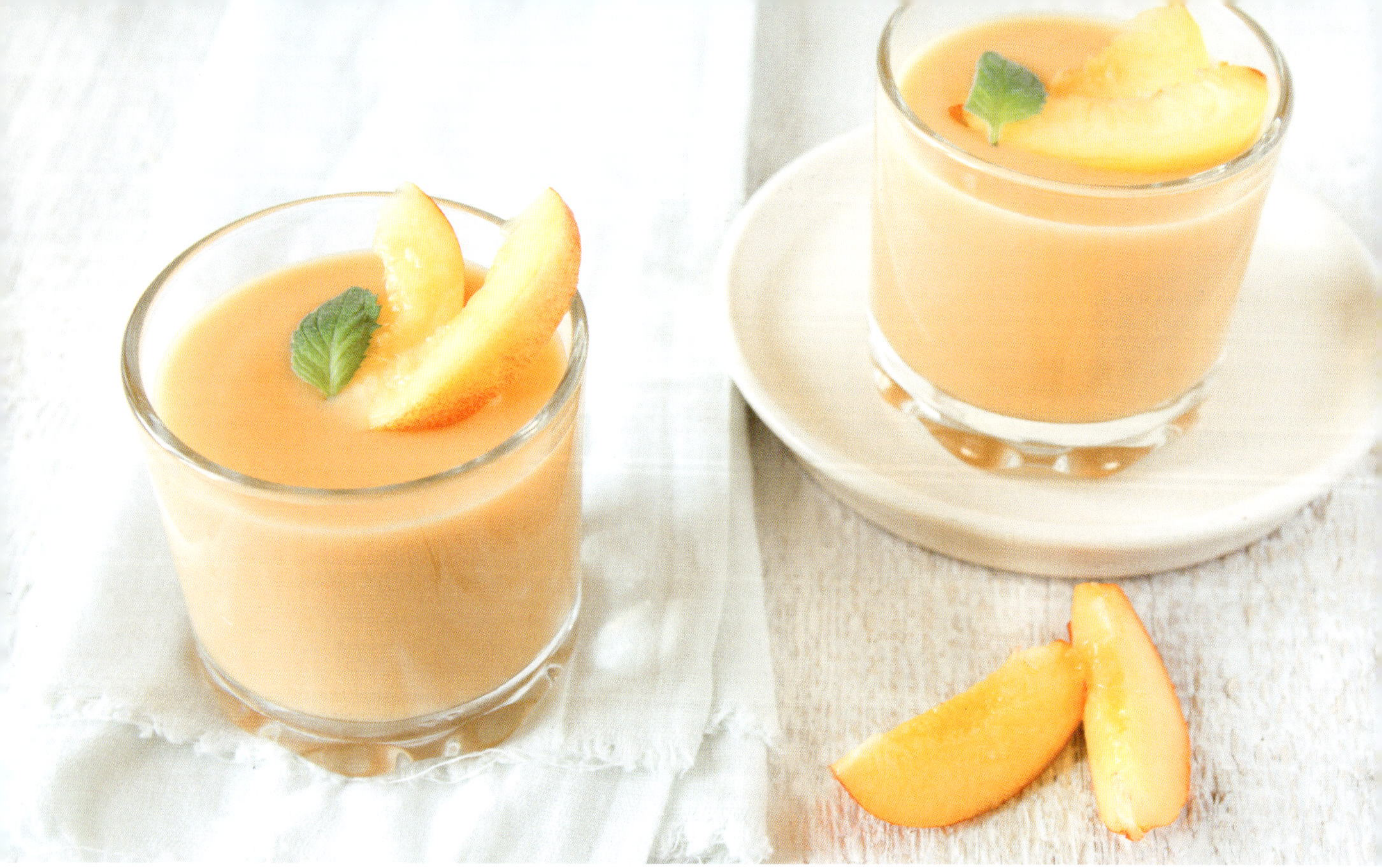

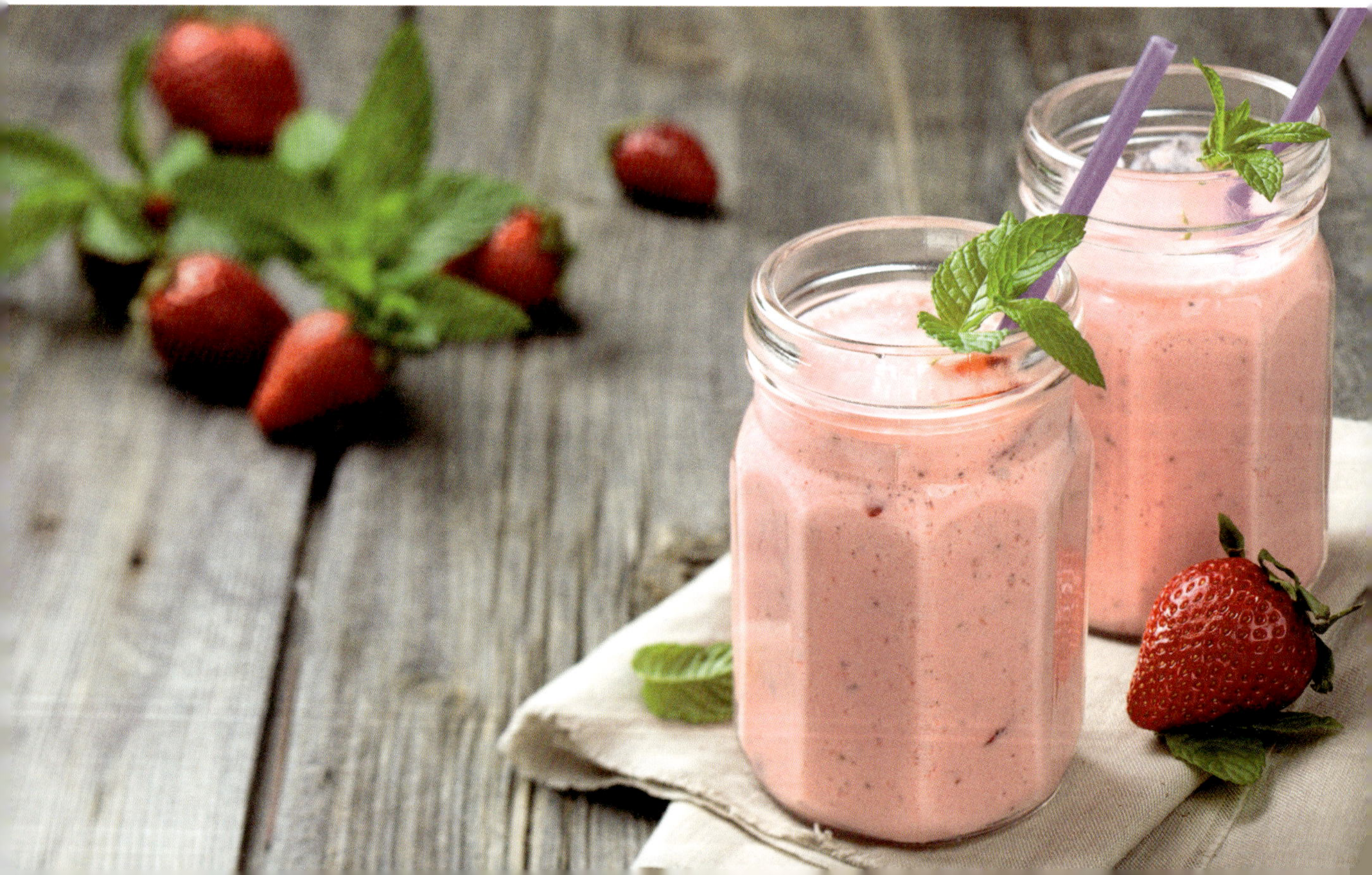

# Pfirsich-Quark-Shake

**Zutaten für 2 Shakes**

2 Pfirsiche
500 g Magerquark
½ TL Bourbon-Vanillepulver
150 ml ungesüßter Kokos-
    oder Nussdrink nach
    Belieben
Stevia (Seite 16) nach Belieben

**Zubereitung**

**1** Die Pfirsiche waschen, halbieren, entkernen und das Fruchtfleisch grob würfeln.

**2** Alle Zutaten außer Stevia mit dem Stabmixer oder im Mixer zu einem Shake pürieren. Nach Belieben mit Stevia süßen.

**Statt Pfirsich kannst du auch Beeren, Mango oder dein Lieblingsobst verwenden. Wenn das Obst deiner Wahl gerade keine Saison hat, dann greif auf Tiefkühlware zurück.**

# Erdbeer-Minze-Shake

**Zutaten für 2 Shakes**

200 g Erdbeeren (alternativ
    TK-Beeren)
4 Minzeblätter
250 g Magerquark
300 g ungesüßter Joghurt

**Zubereitung**

**1** Die Erdbeeren vorsichtig waschen und putzen. Die Minze abbrausen und trocken tupfen.

**2** Alle Zutaten mit dem Stabmixer oder im Mixer zu einem Shake pürieren. Nach Bedarf etwas Wasser zufügen.

**Sehr erfrischend schmeckt auch ein Gurken-Minze-Shake: Statt der Erdbeeren einfach eine halbe Gurke in den Shake geben.**

# Mangolassi

**Zutaten für 2 Shakes**

1 Mango
250 g Magerquark
300 g Joghurt
½ TL Bourbon-Vanillepulver

**Zubereitung**

1 Die Mango schälen, das Fruchtfleisch vom Stein schneiden und grob zerkleinern.

2 Alle Zutaten mit dem Stabmixer oder im Mixer zu einem Shake pürieren.

# Grüner Kraftshake

**Zutaten für 2 Shakes**

2 Handvoll Feldsalat oder Babyspinat
1 Banane
½ Gurke
4 EL Eiweißpulver (z. B. mit Vanillegeschmack)
250 ml ungesüßter Mandel- oder Kokosdrink

**Zubereitung**

1 Salat oder Spinat waschen und trocken tupfen. Die Banane schälen und grob zerkleinern. Die Gurke waschen und ebenfalls grob klein schneiden.

2 Alle Zutaten mit dem Stabmixer oder im Mixer zu einem Shake pürieren. Nach Bedarf etwas Wasser zufügen.

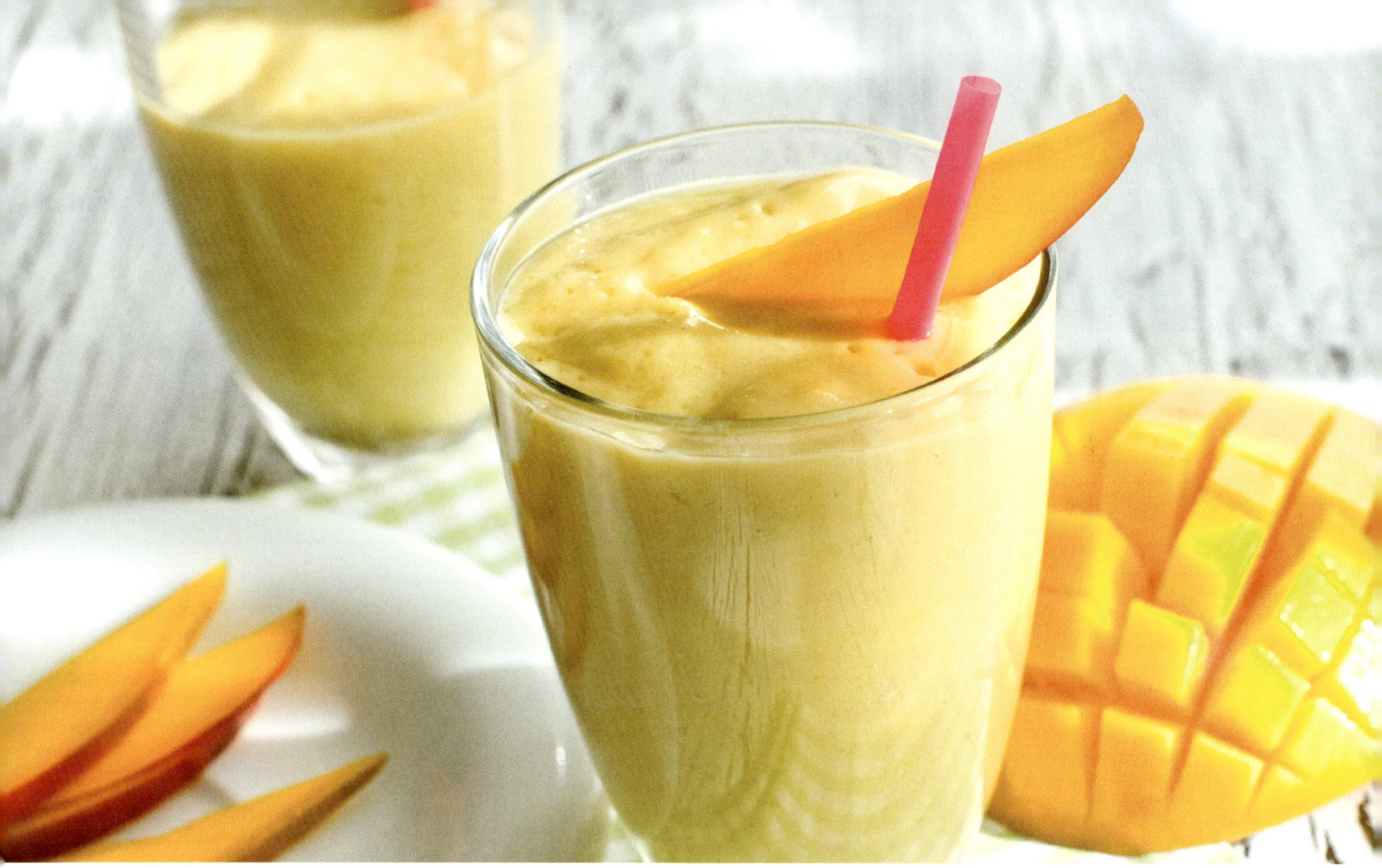

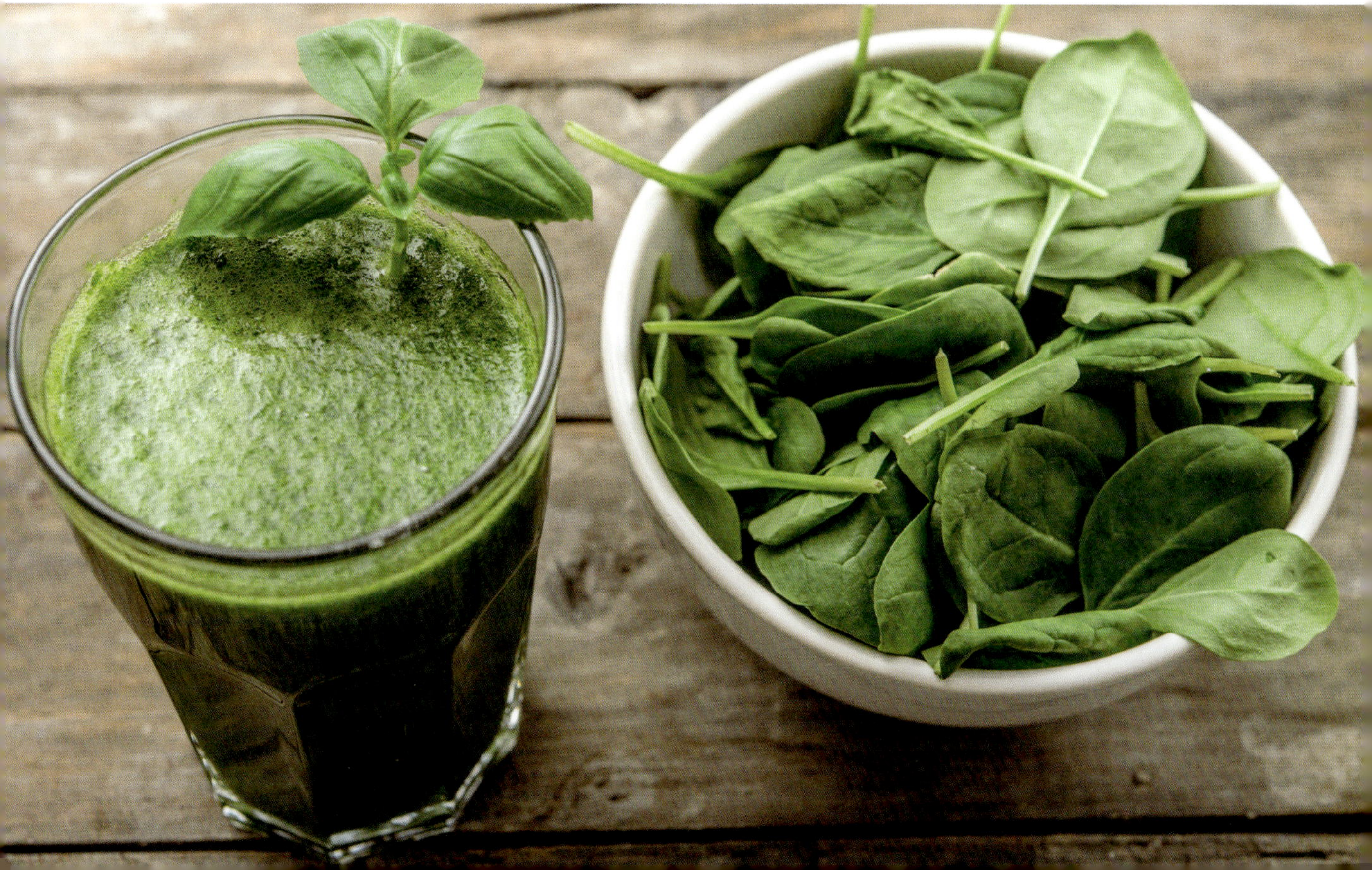

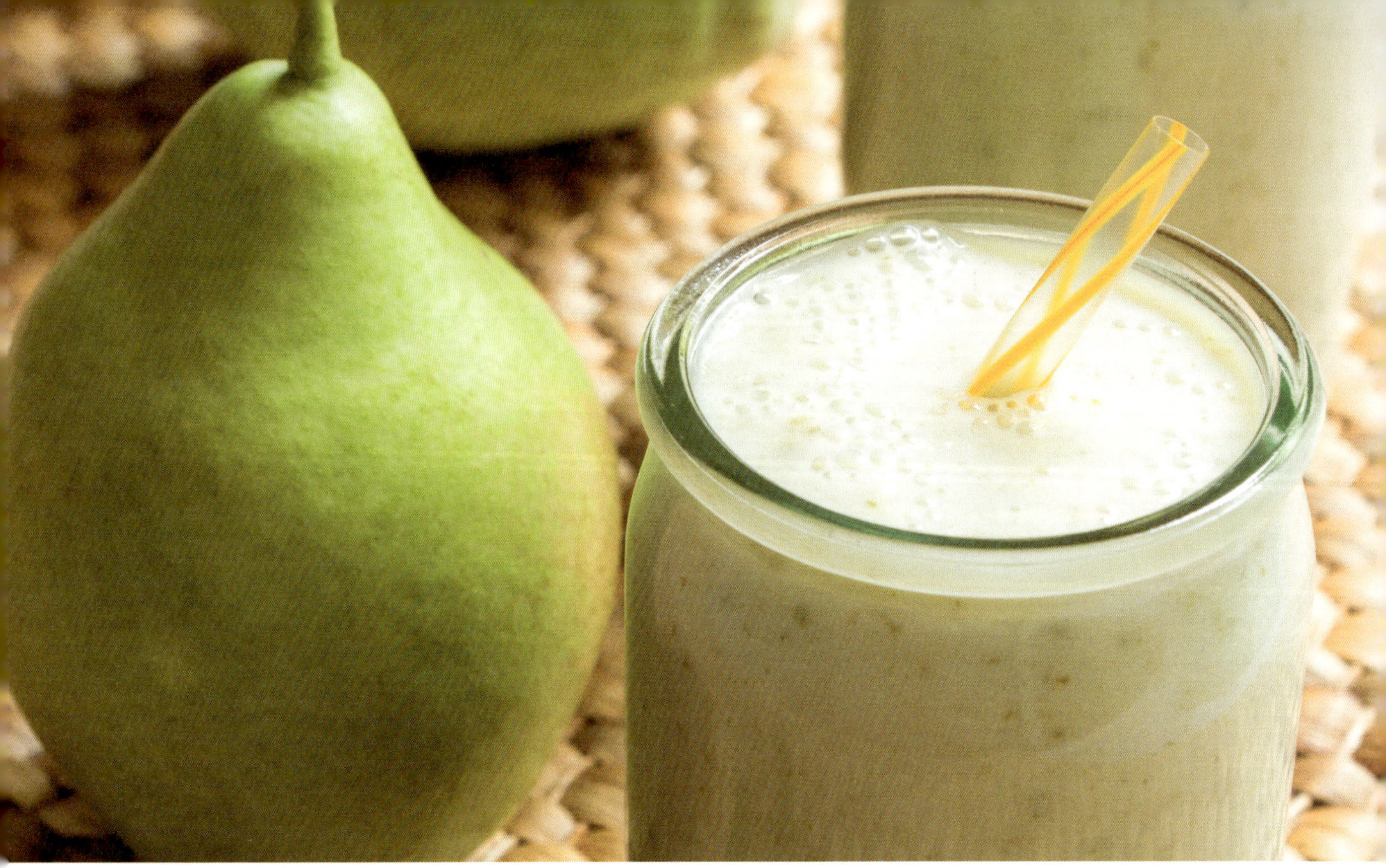

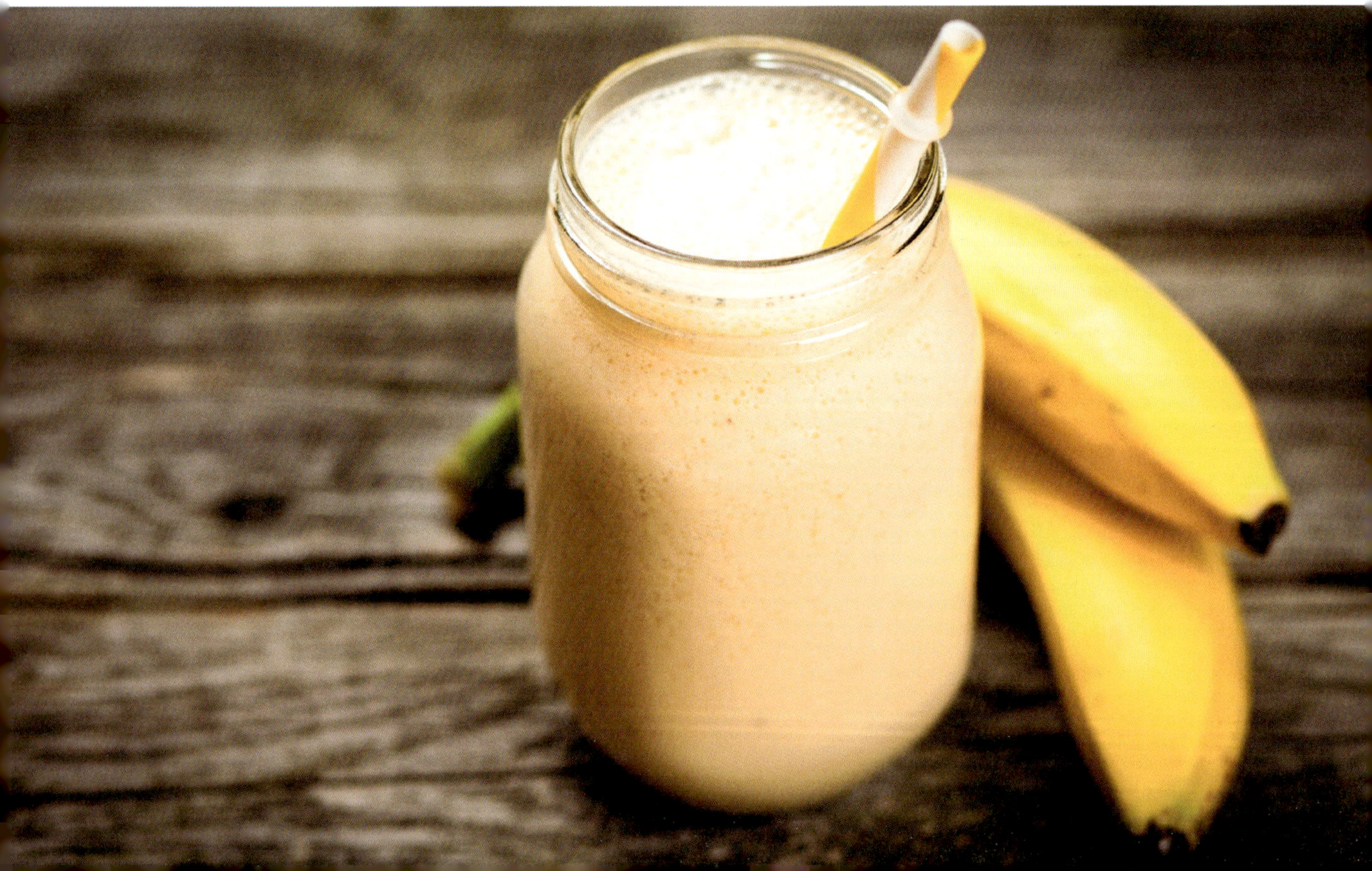

# Birnen-Buttermilch-Shake

**Zutaten für 2 Shakes**

1 große Birne
1 kleines Stück Ingwer (ca. 2 cm)
3–4 Basilikumblätter
400 ml ungesüßte Butter-milch
500 g Magerquark

**Zubereitung**

1 Die Birne waschen und ohne Kerngehäuse grob klein schneiden. Den Ingwer schälen und grob hacken. Basilikum abbrausen und trocken tupfen.
2 Alle Zutaten mit dem Stabmixer oder im Mixer zu einem Shake pürieren.

# Bananen-Protein-Shake

**Zutaten für 2 Shakes**

1 große Banane
60 g Vanille-Eiweißpulver
500 ml ungesüßte Butter-milch

**Zubereitung**

1 Die Banane schälen und grob zerkleinern.
2 Alle Zutaten mit dem Stabmixer oder im Mixer zu einem Shake pürieren.

# Ace-Shake

**Zutaten für 2 Shakes**

4 EL Eiweißpulver (z. B. mit Vanillegeschmack)

400 ml ungesüßter Karottensaft

Saft von 1 kleinen Zitrone

2 EL geschrotete Leinsamen

Stevia (Seite 16) nach Belieben

**Zubereitung**

1 Alle Zutaten außer Stevia mit dem Stabmixer oder im Mixer zu einem Shake pürieren. Nach Bedarf etwas Wasser zufügen und nach Belieben mit Stevia süßen.

# Vanille-Joghurt-Shake

**Zutaten für 2 Shakes**

300 g ungesüßter Sojajoghurt

200 ml ungesüßter Kokos, Nuss- oder Sojadrink

2 EL geschrotete Leinsamen

2 frisch gebrühte Espresso (ca. 60 ml)

2 TL ungesüßtes Nussmus (z. B. Haselnussmus)

1–2 TL Bourbon-Vanillepulver

Minzeblättchen zum Garnieren nach Belieben

**Zubereitung**

1 Alle Zutaten bis auf die Minze mit dem Stabmixer oder im Mixer zu einem Shake pürieren.

2 Den Shake nach Belieben mit Minzeblättchen garnieren.

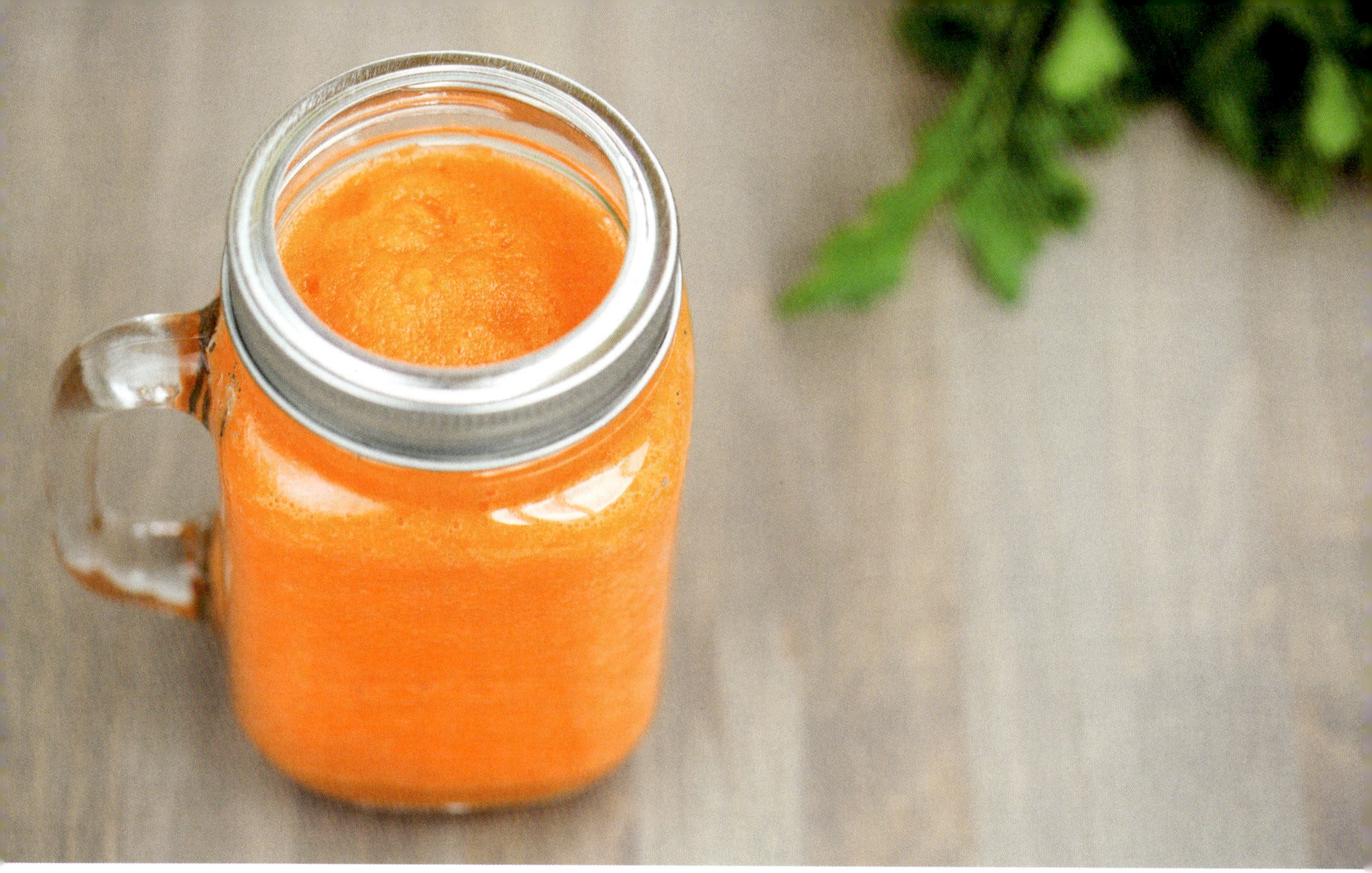

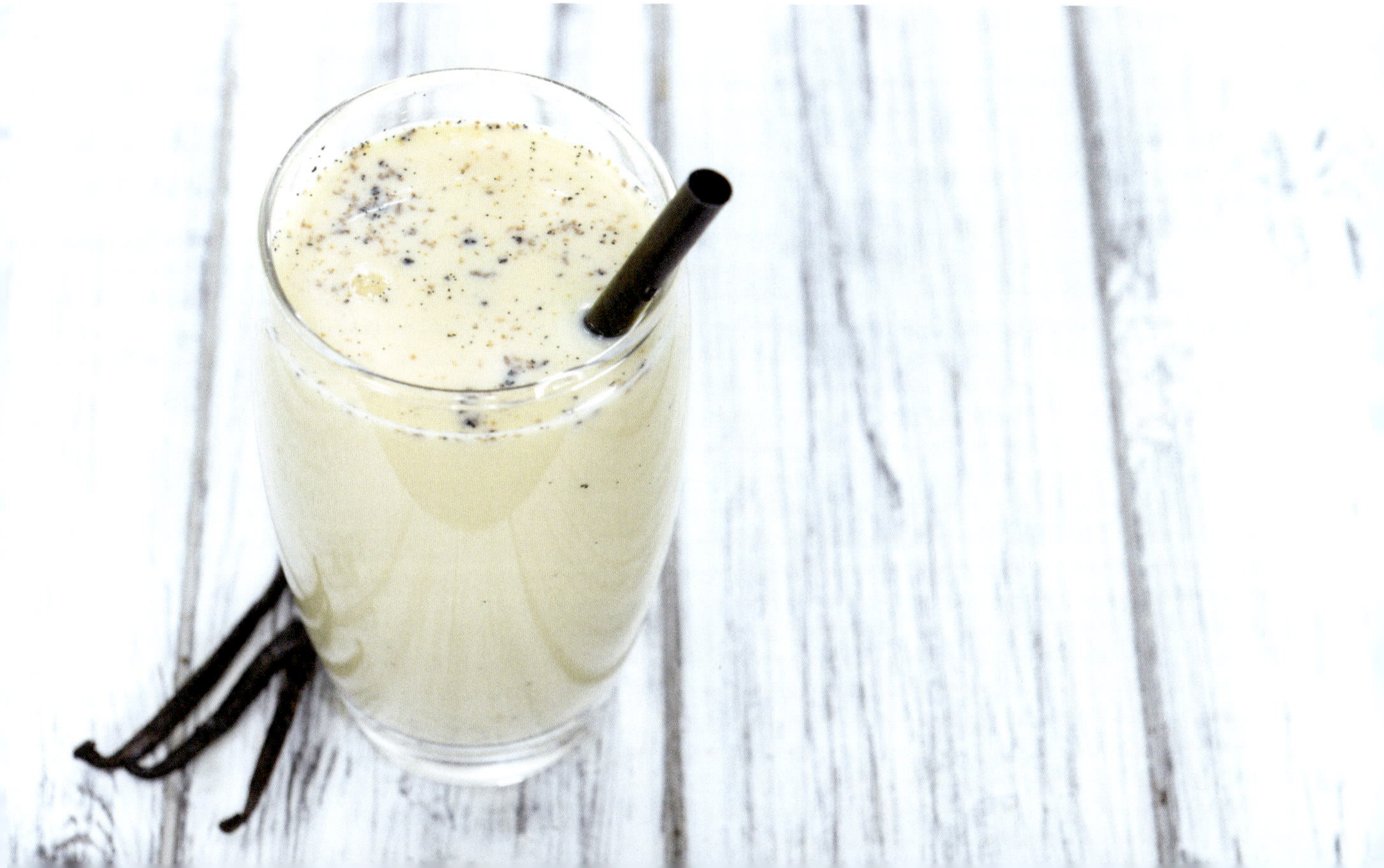

# Gebrannte Mandeln

**Zutaten für 2 Portionen**

60 g ganze Mandeln

Ceylon-Zimtpulver nach Belieben

Bourbon-Vanillepulver nach
Belieben

Stevia (Seite 16) nach Belieben

**Zubereitung**

1. Die Mandeln in einer beschichteten Pfanne ohne Fett rösten, bis sie aromatisch duften.

2. Die gerösteten Mandeln in eine Schale geben und mit Zimt und Vanille würzen. Nach Belieben mit Stevia süßen.

3. Du kannst auch gleich größere Mengen herstellen, doch Vorsicht: Suchtgefahr!

**- MEIN - TIPP**

Als herzhafte Variante kannst du die Mandeln nach dem Rösten auch in Salz, Paprika- und Currypulver oder einer anderen Gewürzmischung wenden.

# Nussmuffins

## Zutaten für 2 Portionen

2 Karotten

2 Eiweiß

3 Eier

100 g gemahlene Haselnüsse

80 g Vanille-Eiweißpulver

1 TL Zimtpulver

2 EL Stevia (Seite 16)

1 ½ TL Weinsteinbackpulver

## Zubereitung

**1** Den Backofen auf 180 °C Ober-/Unterhitze vorheizen. Entweder sechs Mulden eines Muffinblechs mit Papierförmchen auslegen oder sechs Muffinförmchen aus Silikon bereitstellen.

**2** Die Karotten schälen und fein raspeln. Die Eiweiße mit dem Handrührgerät steif schlagen.

**3** Eier, Karotten, gemahlene Haselnüsse, Eiweißpulver, Zimt, Stevia und Backpulver miteinander verrühren und behutsam unter den Eischnee heben. Den Teig in die Muffinförmchen füllen und in ca. 15 Minuten im Ofen goldbraun backen.

# Low-Carb-Schokocreme

vegan

**Zutaten für 2 Portionen**

1 große Avocado

2 EL stark entöltes Kakaopulver

50 ml ungesüßter Mandel-
drink

1 TL Bourbon-Vanillepulver

Stevia (Seite 16) nach Belieben

**Zubereitung**

1 Die Avocado halbieren, den Stein entfernen, das
Fruchtfleisch aus der Schale lösen und grob würfeln.
In ein hohes Gefäß oder einen Mixer geben.

2 Kakaopulver, Mandeldrink und Vanillepulver zufügen
und alles mit dem Stabmixer oder im Mixer zu einer
cremigen Masse pürieren. Nach Belieben mit Stevia
süßen.

> Du kannst die Schokocreme noch mit ge-
> rösteten Mandelblättchen oder Kokosflo-
> cken bestreuen und mit Minze garnieren.

# Schokocookies

**Zutaten für 6 Cookies**
50 g Schoko-Eiweißpulver
1 Ei
1 EL ungesüßtes Nussmus
  (z. B. Haselnussmus)
1–2 EL gehackte Nüsse
1 EL Stevia (Seite 16)
1/4 TL Zimtpulver nach Belieben

**Zubereitung**

**1** Den Backofen auf 200 °C Ober-/Unterhitze vorheizen. Ein Backblech mit Backpapier auslegen.

**2** Alle Zutaten in eine Schüssel geben und gut miteinander verkneten. Falls der Teig zu trocken ist, etwas Wasser untermischen.

**3** Den Teig zu Cookies formen, auf dem Backblech verteilen und ca. 10 Minuten im Ofen backen.

# Proteinreiche Vanilletaler

**Zutaten für 20 Kekse**

120 g gemahlene Nüsse (z. B. Haselnüsse)

1 EL Vanille-Eiweißpulver

½ TL Mandelmehl

1 ½ TL Bourbon-Vanillepulver

1 Eigelb

1 ½ EL Stevia

1 Prise Salz

80 g Kokosöl, zerlassen

1–2 TL gehackte Mandeln

**Zubereitung**

1 Je 2 EL Chiasamen mit 100 • Den Backofen auf 190 °C Ober/Unterhitze vorheizen. Ein Backblech mit Backpapier auslegen.

2 Gemahlene Nüsse, Eiweißpulver, Mandelmehl und Vanillepulver vermengen.

3 Eigelb, Stevia und Salz schaumig schlagen, das Kokosöl unterrühren. Die Nussmischung zugeben und alles langsam zu einem glatten Teig verkneten.

4 Den Teig auf Backpapier ausrollen, daraus Kreise ausstechen und auf dem Blech verteilen.

5 Die Vanilletaler mit gehackten Mandeln bestreuen und in ca. 10 Minuten im Ofen goldbraun backen.

# Chiapudding

**Zutaten für 2 Portionen**

4 EL Chiasamen

200 ml ungesüßter Nussdrink
(alternativ Kokos- oder
Sojadrink)

1–2 EL gehackte Nüsse

**Zubereitung**

**1** Je 2 EL Chiasamen mit 100 ml Nussdrink vermengen und in ein Schälchen oder Schraubglas füllen. Die Chiasamen mindestens 15 Minuten, am besten über Nacht, im Kühlschrank quellen lassen.

**2** Mit gehackten Nüssen garniert servieren.

# Kokosflan

**Zutaten für 2 Portionen**

3 Eier

1 TL Bourbon-Vanillepulver

1 ½ EL Stevia (Seite 16)

1 Tasse Kokosraspel

400 ml ungesüßter Mandel-
drink (alternativ Kokos-
oder Nussdrink)

zuckerfreie Karamellsoße
nach Belieben

**Zubereitung**

**1** Den Backofen auf 180 °C Ober-/Unterhitze vorheizen.

**2** Eier, Vanillepulver und Stevia mit dem Handrührgerät
schaumig schlagen. Kokosraspeln und Mandeldrink
vorsichtig unterheben. Die Masse nur so lange rühren,
bis alles vermischt ist, dann in eine ofenfeste Form
füllen.

**3** Ein tiefes Backblech mit etwas Wasser füllen und die
Form hineinstellen (sie sollte maximal bis zur Hälfte im
Wasser stehen). Das Backblech vorsichtig in den Ofen
schieben und den Kokosflan in 40–45 Minuten im
Wasserbad garen.

**4** Nach Belieben mit zuckerfreier Karamellsoße garniert
servieren.

Der Kokosflan lässt sich auch in zwei kleinen Förmchen zubereiten. Dann verrin-
gert sich allerdings die Garzeit um ca. 10
Minuten.

# Register

# Bildnachweis

### Fotolia
A_Lein: 39
AndiB Berlin: 150
Ars Ulrikusch: 116
blende40: 102
Brent Hofacker: 64
Christian Müller: 139
Comugnero Silvana: 105
Corinna Gissemann: 63
Daniel Vincek: 76
David San Segundo: 154
DeinGlücksmoment: 44
dusk: 126
emmi: 59
exclusive-design: 130
ExQuisine: 67
fahrwasser: 136
fotoknips: 69
fotoliaanjak: 36
grinchh: 93
HandmadePictures: 149
Ildi: 87
Joshua Resnick: 140
karepa: 57, 75
katrinkivi: 42

Kitty: 125, 132
kristina rütten: 51
lapsha_maria: 27
laszlolorik: 145
Lilyana Vynogradova: 99
Littlehandstocks: 152
luiscarceller: 110
marlontxa: 41
mizina: 40, 142
murziknata: 37
musicphone1: 54
naltik: 62
nata_vkusidey: 129
Natalia Lisovskaya: 56
Printemps: 58, 84
Quade: 79
sarsmis: 72
saschanti: 145
t4nkyong: 91
teleginatania: 119
timolina: 80, 106
uckyo: 32
victoria p.: 74
Vitalina Rybakova: 142

Guido Schröder: 6, 21
Mehret Haile: 46, 49, 82, 108

### Shutterstock
Artem Shadrin: 34
AS Food studio: 26, 60
donatas1205: 4 f., 10 f., 24 f.
Elena Shashkina: 52
from my point of view: 120
hlphoto: 113
margouillat photo: 135
Ravil Sayfullin: 149
Stephanie Frey: 88
stockcreations: 114
Thirteen: 153
Victoria Kurylo: 146

### iStockphoto
Dar1930: 85
Junghee Choi: 70
Liesel_Fuchs: 155
Rocky89: 96
sutterug: 156
Viktorija Kuprijanova: 53
villagemoon: 146

Bilder von Miriam,
  Michael und André,
  die am Programm teil-
  genommen haben,
  privat: 22, 23